築地スタイル

TSUKIJI STYLE

人生をきらめかせる愛と粋の流儀

築地・和ごころコンシェルジュ
のだくみこ 著

かざひの文庫

CONTENTS

一帖 CHAPTER 1

築地のファミリー・ストーリー

二帖
CHAPTER 2

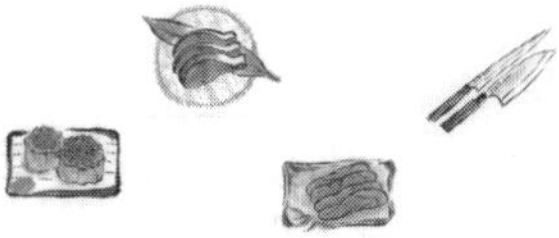

築地を支えるお嬢たち

三帖

CHAPTER 3

築地を導く男たち

四帖

CHAPTER 4

築地の名物&シンボル

はじめに

「築地の本を書きませんか？」

と出版プロデューサーの谷口令さんにお声がけいただいたのは、2022年6月のことだった。私は思わず「書きたい！」と思った。実は、その1年前にも同じようにご連絡いただいていたのだが、その時は、「いやいや、私なんて……」とお断りした。その時には自分に何ができるかわからなかったのだが、1年で何が変わったのかというと……。

コロナ禍の2年で、私の築地愛がますます高まっていたからだ。

外出自粛要請中。当時の勤務先ではリモートワークが推奨され、在宅勤務の日々が続いた。それまでは、毎日通勤していたため、ずっと築地に住んでいたものの、朝家を出て、夜寝に帰る。土日も朝から飛び回ることが多く、ゆっくり築地を散策したり、市場に行けるのは月に数回の土曜日だけだった。

それが、在宅勤務中は、一日中築地にいられる！　これは私にとって大きな変化だった。お昼は気分転換のために外に出よう、と築地のお店でお弁当を買い、ランチを食べるようになった。コロナ禍で飲食店も大変な時、少しでも地元のお店に還元できればと思った。すると、今まで知らなかった築地のお店を開拓できるようになった。味よし！　コスパよし！　人柄よし！　ランチタイムは至福の時だった。

また、平日でも朝8時くらいから築地の場外市場に通うようになった。コロナウィルスによる緊急事態宣言により街を歩く人がいなくなり、閑古鳥が鳴くようになった時も、変わらず営業している市場のお店。飲食店が休業中も、食の台所である市場は休みなしだった。通えば通うほど、お店の方と仲良くなって沢山話をするようになり、人の顔が見える築地の楽しさを実感した。

突然インバウンド観光客も日本人の買い物客もパタリと来なくなり、店頭での売り上げが激減した時でも、「今できることをしよう」と、前を向いてチャンレジし続ける社長さんたちの姿を見て、私は何度も勇気づけられた。

「やっぱり築地はスゴイ！」築地の人を知れば知るほど、築地という街の底力を感じ、私はますます築地が好きになった。

そんな2年間を経て「築地の話を伝えたい」という気持ちが沸々と湧いてきていたので、出版の話をいだたいた時、後先考えずに築地の本を書きます、と決断した。

実は、もう一つ、この本を書こうと思ったきっかけとなる出来事があった。

2022年5月に『こと〜築地寿司物語〜百年の絆』を一緒に観にいった鵜飼さんが、1か月後、突然天国へ旅立ってしまったのだ。享年54才。築地鳩屋の名物社長さんで（P．182）、みんなのヒーローだった。私も事あるごとに助けてもらい、全然恩返しができていないままだった。

人生は一度切り。人の命は有限だ。生かされていることが奇跡。鵜飼さんの笑顔を思い出すたび、私も「今ここ」を一所懸命生きようと思った。そして、お世話になった人には心から感謝し、大切な人には大好きだと伝えていこうとあらためて思った。

そう考えると、私にとって「築地」の存在はとても大きかった。なぜなら、築地との出会いによって、人生が好転してきたからだ。仕事やプライベートで悩み、辛いことや苦しいことがあった時も、なぜか築地の市場に行くと元気になり、築地の人たちが朝早くから一生懸命に働く姿に勇気をもらい、波除神社や築地本願寺の存在に心が救われてきた。

だから、いつもお世話になっている築地に敬意と感謝を伝えたいと思い、私から見た築地の人たちの美しい生き様を執筆することで、愛を形にできたらと思った。今まで自分が築地で経験し、味わってきた体験を整理して表現することで、築地の街の楽しさや、そこに集う素敵な人たちのことを伝えられたらと思った。私が出会ってきた築地の人たちは皆、個性的で面白く、さりげない会話の中で含蓄に富んだ言葉を与えてくださる。これは私だけが知っているのはもったいない。築地の人との対話を通して、私が教えてもらってきた、人生の生き方や在り方のコツや、商売や経営への向き合い方などは、きっと誰かの役に立つに違いない。今回本にした築地の人たちの生き様を通して、それぞれの人生が美しく「みんな違ってみんないい」ということが伝えられたらいいなと思う。

築地といえば、やっぱり「人」。
東京のど真ん中、中央区にあり、銀座から歩いて10分の場所にありながら、粋と人情を感じるのが特徴だ。私は、出生地は鳥取県、育ちは埼玉県、たまたま築地に住んで今10年。ただの一住民の自分が何故ここまで築地に魅了されてしまったのか。自分でもその答えを探るべく、この本をしたためている。

築地と私　～自称、日本一築地を愛する女ができるまで～

築地に住んで早10年。10年が長いか短いかというと、代々築地生まれ築地育ちの人には敵いっこないが、自分史上では実家以外で住んだ場所としては最長。それだけ、住みやすく居心地の良い場所なのは間違いない。
築地に住んで築地が大好きになり、「自称、日本一築地を愛する女」として本を書いているのだから人生は不思議だ。住めば都というが、水があう場所が見つかると、こうも人生は楽しくなるのか、とうれしい気づきを得た。

今や毎日のように築地の市場へ通い、お店の人と語り、おいしい食材と出会えるのは幸せだ。毎月、一日と十五日は必ず、波除神社と築地本願寺をお参りする。行動範囲は広くないが、築地の中で行くところが決まっているので充実感がある。どうしてこんなに満たされた気持ちでいられるのかと考えてみると、築地には、市場文化や江戸文化、祭りの文化、古来から先人が大切にしてきたものが、しっかりと継承されているので、連続する生命の繋がりを感じられるからだ。「人情味あふれる築地で上手なお買い物」と築地場外市場の看板に書かれているが、まさしく築地は「人ありき」。知れば知るほど面白いのは、いろんな人と関われるダイナミズム！大都会銀座から歩いて10分のところに、こんなに「人」の温もりを感じる場所があるなんて！　それが一番の築地の魅力であり、築地を楽しむ醍醐味かもしれない。

ちょうど10年前、私は大失恋して夢見た結婚に破れ、人生お先真っ暗だった。この先どうやって生きていけばいいのか途方に暮れていた時、ちょうど築地に引っ越すことで、心機一転、新しい生活が始まった。実際築地の生活は新鮮で、心の傷を癒すには丁度良かった。銀座にも歩いて行くことができて、逆方向に歩けば隅田川テラスで風を感じられる。新橋でのOL時代、昼休みにカレーうどんを食べに通っていたこともあり、築地は私にとって親しみやすく、すぐに仲良くなれる場所だった。
どんなに心が傷つき苦しんでいても、落ち込んで寝込んでばかりはいられない。実際に外資系企業での財務経理の仕事は忙しく、がむしゃらに働いた。仕事以外の時間は、自己探求のため、さまざまな学びの場に出向いた。算命学、帝王学、古事記、偉人伝、心理学、カウンセリング、コーチング、マクロビ、ヨガ、等々……。

自分がなぜ生きているのか、存在価値や意味を知りたくて、興味あることは、手当たり次第学びに行った。恋愛の失敗から私には何かが欠如しているのかもと、自分にバツをつけて、もっと強くならなきゃ、と足りないものを埋めようとしていた。

しかし、人間の生き方・在り方を学ぶうちに、人にはそれぞれ役割があること、運命と宿命の違いを知り、自分の使命は何だろうと考えるようになった。

そんな自分探しの旅に出ていた頃。古事記の勉強会の直会《なおらい》からの帰り道。酔っ払ってふらついている自分とは反対に、真夜中から勢いよく動き出す築地の市場（当時の場内市場）のエネルギーを目の当たりにし、なぜだかポロポロと涙が出てきた。全国から集まってくるトラック。駐車場を案内する警備員さん。いつも私が寝ている間に、こうして働いている人たちがいるのだ。雨の日も晴れの日も、暑い日も寒い日も。市場で働く人のおかげで、毎日安心しておいしいごはんが食べられていることに気づいた。

そう思うと、私は自分一人で生きているのではない。たくさんの人に支えられて生きている。いや、生かされているのだと、突然大歓喜の世界が目の前に現れた。

食＝命の循環。食を支える台所、市場は毎日生きている。私は築地の市場を通して、食を通していただく命も、生かされている自分の命も同じように尊いと気づかされた。

ずっと自分には何か足りないとバツをつけて、ないもの探しをしていたが、実は私はもうすでに、大事なものをたくさんいただいていて満たされていることに気づいた。

そして、今こうしてここに生かされていることに、感謝の気持ちがあふれてきて、生きているから味わえる世界がある、「生きているって素晴らしい」と心から思えた瞬間だった。


かつての築地市場は不夜城のように眠らない街で、ガンガンやってきて怖いと思っていた大型トラックも、よく観察してみると、装飾なんかもお洒落でかっこよく見えてきた。築地場内市場、中に入るとそこは本当に『築地ワンダーランド』だった。

昭和10年に開業した築地市場(東京中央卸売市場)は、日本一いや世界一の魚河岸だった。広さは東京ドーム5個分の大きさ。一日に出入りする人の数は4万人。とにかく、市場の中は奥が深くて、真夜中からおびただしい数の人が忙しなく動いていた。先述の『築地ワンダーランド』(松竹)という映画にも出てくる、築地研究の第一人者、ハーバード大学文化人類学者のテオドル・C・ベスター博士は、「築地市場こそ日本の象徴」「築地は美しきアラベスク」と言っている。まさしく、古い建物の中に所狭しと新鮮な魚が並び、次々と人が出入りする市場は、カオスの中に見えない秩序があった。
一杯のコーヒーはおいしかった。当然忙しい市場の人達が集まる場所。決してのんびりモードではなかったが、お店の人とお客同士が繋がる人情味と温もりがあった。常連の市場のおじさんとマスター・ママさんとの会話が小気味よく、人間観察も面白かった。市場の中の静と動。市場の喧騒から一歩離れると、裏路地にはほっと一息落ち着く場所があった。この「市場の活気に満ちたエネルギー」を共有したくて、私は築地ツアーをするようになった。

そんなさまざまな思い出がある築地場内市場。夕暮れ時は、まるで『三丁目の夕日』の映画セットのような、レトロ感と哀愁が漂っていた。私に生きる活力と、いのちの尊さを思い出させてくれた築地の場内市場は、老朽化のため、２０１８年10月に閉鎖となった。私は最終日も早朝から寿司屋に並び、お世話になったお店を覗いて挨拶し、市場での最後の別れを惜しんだ。歴史的建築物として、昭和的ノスタルジーな情景として、こんなに素敵な場所は、もうどこにもないだろうと、しっかりと目に焼き付けた。

今までは、築地場内市場・場外市場とセットだった場所が、分断されたら一体どうなる？　豊洲への市場移転後、築地の街は大きく様変わりするだろうと築地中の人が想像していた。２０１８年秋は、築地にとって新しい時代の幕開けだった。私はその頃から築地を起点に、人が笑顔になる活動をしていきたいと思い、築地ＴＯＤＡＹというサイトの運営を始め、築地のおいしさや面白さを発信する活動を始めた。何故だか分からないけれど、築地っていいよね、ということを体感してもらえるよう、仲間を集めて築地場外市場や神社やお寺を巡るツアーのガイドをするようになった。

実際に、なぜか築地に行くと元気になる。市場の人は本当に朝から明るく元気だ。毎日店頭に立って商売をしているせいか、男性も女性も若くて粋な人が多い。そして、知れば知るほど個性豊かでユニークな人ばかり。ずっと会社員で目立たないようにしていた私にとっては、慣れるまではとても衝撃的だった。

私は、２０１９年から築地で和文化体験ができる場「築地アカデメイア」を主催したり、月１「スナックつきじ」をオープンして、なかなか交わることのない築地の人とお客さんが直接話せる場を作るようになった。気づけばご縁がどんどん広がり、築地場外市場でもたくさんのお店の方にお世話になっていた。

私は、築地という場所にたまたま導かれ、築地魂、築地愛にあふれる方々に出会い、それぞれの生き様を知り、人生の楽しさや喜びを知った。あの時もし築地に引っ越さなければ、今の私はないだろう。自分にとってのパワースポット=魂が喜ぶ場所を見つけられたことで、幸せの青い鳥は近くにいたことに気づくことができた。


そんなわけで、私は築地に助けられたと勝手に恩義を感じ、何か恩返しできることをと動いてきたのだが、数年前のある時、『築地山長』の松江さんからいただいた一言に泣かされた。「築地のことも大事だけど、まずは自分が幸せになれよ」と。

気づけば、市場の移転前から活動を始めて、がむしゃらに走ってきたが、自分のことは二の次になりがちだった。そんな時に築地のドンから言われた言葉は胸に響いた。

その翌日、私は初めて「自分が幸せになれますように」と七夕の短冊にお願い事を書いた。そしたら、なんとすぐに、素敵な出逢いがあったのだから、またしても松江さんに救われたのだった!

私は、何度も人生の路頭に迷い、遠回りをしながら、自分の人生を切り開いてきた。寄り道も多いおかげで、たくさんの面白い人たちに出会えてきたことが人生の宝だ。
数年来の古事記の学びから、一人一人がみな役割を持った神さま（受け霊もち）だと気づいてから、自分にも何かお役目があるのだろうかと思った時、私には、縦糸（歴史・文化）と横糸（世界）を織り込み、未来へと繋いでいく使命があると思った。算命学や個性鑑定学を使って、個性を引き出し、人と人のご縁を紡ぎながら、幼少期から嗜んできた和文化を軸に、日本人の精神文化を世界に伝えていきたいと思ったからだ。

今を全力で生きている人たちはいくつになっても美しく、かっこいいと、築地の人を見ていてあらためて思う。一人ひとりの生き様が、歴史を作る。ヒストリーの語源は、His + Story. あなたにはあなたの、私には私の人生のStoryがある。これからも私は、築地を起点として、人と関わる仕事をし、それぞれの美しい人生のStoryを紡ぐお手伝いができたら本望だ。私の新しい人生も、また今この瞬間から始まっている。

COLUMN 1

築地の市場

ここでは、築地の市場の成り立ちをお伝えしたい。市場の歴史がわかると、市場文化と共に発展してきた築地の街のことが見えてくる。

①築地には今も市場がある

2018年10月、「東京の魚河岸 築地市場、豊洲へ移転」というニュースが流れたことを覚えている方は多いのではないだろうか。

「豊洲移転後、築地に市場はなくなった」

近隣の地域にお住まいの方でも、案外そのように思っている方が多かった。そんな時こそ、築地コンシェルジュの出番だ！

「築地には、今でも変わらず400店舗以上が軒を連ねる大きな市場、場外市場があります。

観光客の方がお食事に行かれていたのは場外市場のお店なので、今でもおいしいごはんが食べられますよ」そう言って、築地の場内市場と場外市場を図解して説明すると驚かれた。

「築地って、まだ市場があるんですね！」

なかなか分かり難いが、場内市場は主にプロの料理人向け。一方、場外市場は一般客も利用されていた。場内市場は東京都中央卸売市場という公設市場だったので、都の政策で豊洲へ中央卸売市場の機能が移ったが、場外市場は別運営だったので、移転せずにこの地へ残った。

あれから5年。コロナの時期を経て市場は更に様変わりしたが、今でも場外市場は元気に営業している。「やっぱり築地！」というキャッチフレーズがしっくり来るように、築地愛、築地魂はまだまだ健在だ。今回この本に登場する人たちは、主に場外市場でご活躍されている方々なので、ぜひ実際に築地に来て直接お話を聞いてみていただきたい。

②築地場内市場最後の日

築地コンシェルジュとしての決意
（過去の日記より抜粋）

「本日2018年10月6日をもって、83年の歴史に幕を下ろした築地の場内市場。

あらためて見ると、本当に大きかった！　市場は、東京ドーム5個分の大きさ。上から見ると、とてもきれいな扇型で、まるでコロッセオのようでした。

ありがとう築地、と感傷に浸っている間もなく、来週11日からはすぐに解体作業が始まります。

中のお店は、今日のお昼に最後の営業を終えると、すぐに引越し作業へ。取り壊しになる前に市場丸ごとお引越しなので、これはまさに民族大移動ですね。83年もの間、たくさんの人々が日々行き交っていた生命の坩堝《るつぼ》のような場所が、あと数日で更地になってしまうのかと思うと淋しくなります。

隅田川に隣接し、江戸時代からの由緒ある庭園、浜離宮の隣に広がる東京の一等地。市場の跡地は、まだ今後の使い道が決まっていないと言われていますが、高層ビルや商業施設が建って、普通の街並みになってしまったらもったいないと思います。

銀座まで歩ける地の利で、水上交通も使えるこんな場所は他にはないので、東京都にはぜひ、築地の歴史と文化を重んじて、有効利用してほしいです！　江戸と食にまつわる築地博物館などできたらいいな。

建物も信頼も、築くまでは多くの時間を要するのに対して、壊すのは、本当に一瞬。

しかし、終わりは始まり。

今日は築地市場の果たしてきた大仕事に感謝の気持ちを感じながら過ごしました。明日からは新しい築地の未来へ向かって、私も進化していきます」

③今そして未来

2018年10月の豊洲への市場移転を機に、築地は大きく変わっていくと予想していたが、残された場外市場は、インバウンド需要でバブルのような好景気だった。

このままオリンピックに向けてさらに好景気が続くと誰もが思っていた矢先、2020年からコロナウィルス蔓延の影響によりパタリと人が来なくなり、築地は一転、淋しい街となった。

日本中がそうだったが、どの店も売上が激減して苦しい真冬の時代が続いた。


その2年間の長い冬が明けて、ようやく今、春の兆しが見えてきた。築地は、外国人の方々に人気のスポットとして急激に活気が戻ってきている。これからも築地は、伝統文化を大切にしながら、国内外のたくさんの人に幸せを届けられる場であってほしいと願っている。

「おいしい」は世界共通の笑顔の源だ。

今も更地のままになっている場内市場の跡地を含め、築地全体が日本の食文化を牽引していく存在になることを願っている。


実は、築地は海鮮だけではなく、美食の宝庫だ。朝・昼・晩、それぞれの楽しみ方がある。今回は載せることができなかったオススメのお店がまだまだあるので、ぜひ築地コンシェルジュがご案内するツアーをお楽しみいただきたい。

最後に、おすすめのお持ち帰りのお店3選をここでご披露!

①『ボンマルシェ』のパスタセット
②『気まぐれや』のサンドイッチ
③『ととや』の焼き鳥弁当

いずれも、教えたいけど教えたくない、私のお気に入りの逸品だ。

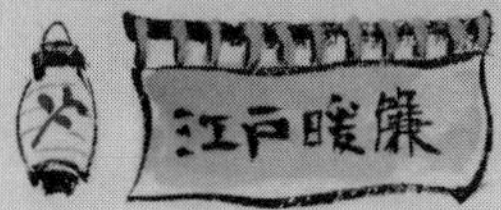

一帖

CHAPTER 1

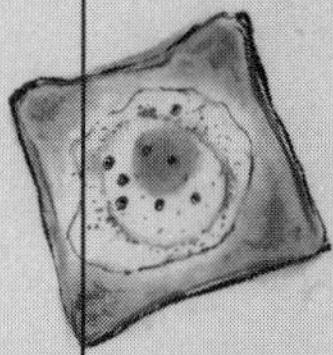

築地の
ファミリー・
ストーリー

江戸暖簾・江戸千社額

「職人は注文があって初めて仕事ができるもの」

築地人 その1

津多屋商店
加《か》藤《とう》木《ぎ》大《だい》介《すけ》さん ＆ 一《かず》美《み》さん

築地の好きな場所
昔の市場の岸壁、
市場の中にあった貨物のホーム

今から5年くらい前のある日、ご近所に住むR先生と「築地ツアー」と称して、二人で築地を探検していた時のこと。「のれん・提灯・手ぬぐい」と書かれたのぼり旗が風になびいているお店を見つけた。

正確に言えば、何度もそのお店の前を通ったことはあり、通るたびにお店の中にお客様がいるのを見かけていたのだが、その扉を開ける勇気がなく通り過ぎていた。いかにも老舗のお店の趣で、一見さんお断りの佇まいだった。

しかし、その日は谷口令先生も一緒。二人で入れば怖くない！　と勇気を振り絞ってお店の玄関の戸を引いた。

「こんにちはー」

「はーい、いらっしゃい」

あんなにドキドキしていたのに、いざ入ってみたら、まるで恵比寿様・大黒様のような穏やかな笑顔で、店主のおじさんが迎えてくれた。とりあえず、「入れた！」とほっとした。

「ずっと気になっていて、初めてお邪魔しました」

「そうでしたか。このお店は、暖簾《のれん》・提灯・手ぬぐいなんかを扱っているお店でね……」

と、そこから津多屋商店の加藤木さんとのご縁が始まった。

加藤木さんは、東京・築地で１９３１年に創業した津多屋商店の三代目。お祖父様、お父様から受け継ぎ、江戸文字や筆文字を書かれる職人さんだ。

「江戸文字」とは、江戸時代の中頃から作られた文字の形であり、徳川幕府の公文書「御家流」から派生して、芝居小屋の客寄せの文字として色々な興行に合う様に変化しながら、現在も歌舞伎や落語や相撲の番付文字など、伝統的な興行でよく目にする縁起の良い文字のことである。

なぜ縁起が良いかというと、「白い紙にできるだけ太く、めいっぱい大きく書くことで、余白がない＝空席がない」に繋がるから、だそうだ。

また、加藤木さんは木彫りの大きな千社札を見せてくれた。

「ここに書いてある『一斗二升五合』、これはなんて読むかわかるかい？」

「えーと、いっとにしょうごごう……⁉」

「これはね、『ご商売ますます繁盛』と読むんですよ」

「えーー！！　どういうこと⁉」

聞いて納得。なぜなら、一斗が「五升の倍」なので「ご商売」、二升は「升《ます》が二つ」で「ますます」、五合とは「一升の半分で半升《はんじょう》」なので「繁盛」、総じて「ご商売益々繁盛」という意味になるそうだ。

そういった「江戸文字」の歴史や「洒落文字」についての解説を聞いていたら、R先生も私もますます楽しくなってきて、気づいたらすっかり加藤木さんの話に引き込まれていた。

江戸文字の話を通して、江戸っ子の粋な心意気や、言葉遊びの楽しさに、あらためて感動した。その日、私の中では、自分が築地を好きな理由がまた一つ紐解けた気がした。

日本の歴史の中でも、私が最も好きな時代が「江戸時代」。200年以上も安定した世が続き、商人文化が花開き大きく社会が成長した時代。この頃の町人の文化には「共に生きる」生き方のコツが詰まっている。当時、世界一の人口だった江戸の街、人と人がすれ違う時には「傘かしげ」という仕草をしたり、「宵越しの金は持たない」という言葉のように毎日を一所懸命生きる術だったり。

ちなみに、築地は江戸時代にできた埋め立て地なので、江戸からの歴史の名残が随所に見られる。神社仏閣、日本橋から続く市場文化だけでなく、江戸文字からも「江戸の粋」を感じられる。


さて、このお店の楽しさを知ってしまった私は、それから月に何度も訪れるようになった。江戸文字のこと、築地の歴史や祭りの話などを聞きながら、知的好奇心がくすぐられてワクワクした。その根底には、加藤木さんの気質「職人魂」に対する尊敬の念がある。

加藤木さんは、店主であり、生粋の職人さんだ。手書きで文字を書かれる貴重なお方だが、「自分は、アーティストじゃなく職人だから。注文が入って始めて仕事ができる」とおっしゃる。

アーティストが自分の作品を世に生み出すためにオリジナリティや表現力を磨くの

に対し、文字職人の加藤木さんは「お客さんの要望にいかに沿えるか」を大事にしていらっしゃる。だから自分の名前を全面に出すのは野暮だという。


「文字の極意は？」

「おいしそうに見える文字を書くこと」

例えば、「うなぎ」という文字。鰻屋さんからの依頼があれば、看板を見ただけで鰻が食べたくなるような文字が最高だ、というわけだ。実際、縦書きに手書きで「うなぎ」と書いてある看板を見るだけで、よだれが出そうになる感覚。これこそが文字がもたらす視覚効果なのだ。

そのことをずっと追及して体現してきている加藤木さんが書かれる文字からは、実際に、「おいしそうに見えてくる文字を書くこと」の精神が伝わってくる。

お祭りの提灯や半纏に書かれた字からは、「粋と活気」を感じる。

暖簾の場合には、使う方への思いが色や柄、文字に現れている。

手ぬぐいコレクション（これは一見の価値あり！）を見せていただくと、オーダーされた会社や個人の思いが、見事に形になっている。

加藤木さんの場合は、ただ文字を書くのではなく、文字のバリエーションや縁起の良い言葉を用いて、手ぬぐいのデザインを提案されているので、受注して手がけた手ぬぐい一つ一つにストーリーがある（江戸文字も、角字・牡丹字、と使い分ける）。

実際、2018年に私もオリジナル手ぬぐいを発注して、加藤木さんの江戸文字をちりばめた「I♥LOVEつきじ手ぬぐい」を作っていただいた。

この時の打ち合わせから完成までの数か月は、とても楽しかった。お店と一緒に一から作っていったので、1枚の手ぬぐいができるまでの感動は本当に大きかった！

加藤木さんは、毎回こんな風に丁寧に寄り添いながら、最高のパフォーマンスを提供し、お客様に喜ばれている、これが代々続く商売の極意なのだとよくわかった。


ちなみに、築地の場外市場の千社額棟という施設に掲げられた木製の大きな千社札180枚以上を納めたのも加藤木さんだ。一枚一枚にお店の名前が書かれた札は、もちろん全部手書き。ちなみに、場外市場の公式Tシャツ「やっぱり築地！」の文字を書かれたのも加藤木さん。

築地の波除《なみよけ》神社の提灯も、祭りの時のいくつかの町会の半纏も、お店の看板や暖簾も、築地のあらゆる場所で、加藤木さんの手仕事を見つけることができる。

暖簾わけ、暖簾代（企業の無形資産価値のこと）、といった言葉があるように、「暖簾」はお店の顔と言われている。その暖簾に息（命）を吹き込むのが加藤木さんの仕事だ。お店の顔を整える縁の下の力持ち。加藤木一家は、3代にわたり、築地の市場を支えている。

私は、街で加藤木さんの字を見かけるたびに、うれしくなる。加藤木さんとの出会いが、私の築地好きを加速させてくれた。食の街、築地になくてはならない存在。江戸文字に出会い、人生の楽しみが増えたのは、私だけではない。江戸文字体験会を通じ、皆その面白さにハマってしまう。書道ではなく機知に富んだ江戸文字のデザイン。築地ツアーでご一緒した方の中には、「弟子入りしたい」と言ったフランス人もいた。古いようでいて、斬新。純日本的のようで、グローバル。

19世紀後半、葛飾北斎の浮世絵が、マネやゴッホなどヨーロッパの芸術家たちに影響を与えて「ジャポニズム」と呼ばれるブームを作った。そんな風に、日本の文化は意外と身近すぎて当たり前だが、逆輸入されて初めて評価されることも多い。まさしく江戸文字も、大事に守っていきたい日本の文化だ。

さてここで、私の大好きなおかみさんのことを話そう。職人気質の大介さんを支えるおかみさんは、とにかく豆で働きもの。けんちゃんおじさん（P.172）をはじめとした常連のお客さんは、「かずみちゃん」と呼びかける。私がお店に立ち寄ると「のださーん」とかわいい声でにこにこしながら出てきてくださる。

加藤木さんの話を聞きながら、一美さんが淹れてくださるお茶がおいしく、ついつい長居して、気づくと日が暮れてしまうことも。津多屋さんにいると、まるでサザエさんの漫画を見ているように、いろんな人が出入りする。「今日は魚が捕れすぎたから」とザルにのったぴちぴちの魚が届けられたり、「いい栗が手に入ったから」と大量の野菜や果物が届けられたり。それを受け取った一美さんは、新鮮な素材に魔法をかけて、さらにおいしく料理される。私も度々そのご相伴に預かった。

「栗ご飯できたよ〜」と声をかけていただき、朝のお店に立ち寄ると、ほくほくの栗ごはんのお弁当を手渡された日。ルンルン気分で、会社に持っていったことを覚えている。

ある年の瀬、初荷旗のお手伝いをした後に、加藤木家の食卓にお呼ばれした時は驚いた。まるで小料理屋のようなお食事がずらり。忙しい合間を縫って、いつ作ったのかと思うような手料理の数々。築地ならではの素材のよさもあるが、一手間の味付けが素晴らしい。昔は縫製のパートさん達も一緒に昼食をとっていたというから、若女将の一美さんは、早く作れておいしくて、栄養満点の料理の達人になっていったのだろう。

中でも鶏肉の煮込みは絶品で、作り方を聞くと、「港やさんの手羽先を使って、鍋で煮るだけよ」とにこにこしながら教えてくれたが、あのプリプリの手羽煮込みを再現することはできなかった……。熟練の技か愛情の大きさの違いか……。

一美さんは手先が器用で、縫物も得意だ。暖簾生地の半端部分を使って、お洒落なポーチやマスク入れを作って販売したり、アイデアが浮かぶとなんでも作れてしまう。私のオーダーした手ぬぐいも、染色が薄い余り布を使って、いつの間にかオリジナルのバッグを作ってくださった。世界で一つだけの「I♥LOVEつきじバッグ」は自慢の宝物だ。

「ずっとやっていたから身についただけよ」とおっしゃるが、たしかに、一美さんなしでは津多屋さんは成り立たない。たとえば、暖簾の生地を業務用ミシンで縫って仕上げること。手ぬぐいを作るのにも、大介さんが文字をデザインし、染型の版を作る職人さん、生地屋さん、色を重ねて染める職人さん、といった人たちの手を経由し、反物の状態で届いた巻物を一枚ずつ切って、畳んで、袋に入れて、熨斗紙《のしがみ》をつけて、という作業をするのは一美さん。「ずっと手ぬぐい畳んでいたら、指が青くなっちゃったわ」と笑っておっしゃるが、一度に手ぬぐい１００枚を納めるのだから、その作業量は想像を超える。

店頭で売られているカラフルな江戸文字のポチ袋も、実は一美さんの手作業だ。まさかこんなところまで！　と細部にいたるところまで、（文字通り）手をかけていらっしゃるからこそ、津多屋さんの商品は人間味にあふれて温かい。

夫唱婦随、二人三脚で歩んできた三代目ご夫婦。今のところ四代目はまだ未定というが、このすばらしい文字文化をぜひ未来へと繋げていきたい。津多屋さんで江戸文字体験を味わった人には、きっとその価値が伝わるだろう！

店内には、暖簾、提灯、千社札、半纏（はんてん）に加え、縁起の良い小物も並び、見ていて楽しい。中央区のまちかど展示館にも指定されている

江戸文字体験会に参加すると、江戸文字が好きになること間違いなし！

DATA

津多屋商店

住所 東京都中央区築地6-5-5
営業時間 8:00〜18:00
電話 03-3541-3741　休業日 日曜・祝日・市場休業日
創業 1931年（昭和6年頃）

コーヒー・スパゲティ

「ありがとう！百点満点！」

築地人 その2

フォーシーズン
新井《あらい》義信《よしのぶ》さん＆香《かおる》さん

築地の好きな場所
そんなとこないよ！
いつも店にしかいないんだから！

フォーシーズン、と聞いて目白にある荘厳な『ホテル椿山荘』を思い浮かべる方も多いだろう。一方、築地にある『フォーシーズン』は老舗のスパゲティ屋さん。築地に来る仲買さんから一般人、業界人まで、コアなファンが多いお店。私にとっても、築地の食の聖地の一つ。

「こんにちはー」とお店のドアを開けると、カウンター越しのマスターが「お、いらっしゃい」と声をかけてくれる。いつも変わらない光景。

すると、おかみさんがさっとやってきて「今日は一人？」「お、今日は二人ね」とすぐに席を用意してくれる。そのてきぱきとした対応がまた気持ち良い。

私がフォーシーズンに通うようになったのは、コロナ禍の2021年からだ。それまでもずっと気になる存在で、いつか行きたいと思っていたが、コロナ前は、毎日通るたびに大行列。ビルの2階にあるお店だが、階段の下まで行列があふれていた。土曜日なんぞは絶対入れないだろうなーという人気すぎるお店だったので、なかなか行けない憧れの存在だった。

築地の場内・場外の市場で働く人のソウルフードのようなお店なので、一般人の私が入ってよいのか、とドキドキしていた面もある。

けれども、コロナ禍で在宅勤務がデフォルトになり、自宅に引きこもりになったので、せめてランチは築地でおいしいものを食べよう、と築地ランチ巡りを始めた。そんなある日、フォーシーズンの前を通ったら、なんと行列がない！！

勇気を出してお店に入ってみたのが、2021年2月27日。この日は私にとってフォーシーズン記念日だ。行ってみて本当に良かったー！！

あまりのおいしさに感動して、なぜ今までこのスパゲティを知らなかったのか、と後悔したほど。それほどに、ここのスパゲティは他にはない味わいがあって、「フォーシーズンのスパゲティ」というオリジナルのジャンルなのだ。

パスタではなく、あくまでもスパゲティ。だけど、そこらへんの喫茶店のナポリタン、というのともちょっと違って、フォーシーズンのスパゲティは、ナポリタンもミートソースもタラコスパゲティも、ここでしか食べられない特別な味だった。初めて食べたのは、お店の看板メニュー、和風スパ。しょうゆ味ベースのスパゲティの上に、これでもか！　というくらいの大葉がてんこ盛り。しいたけ、たまねぎ、ソーセージ、と具はシンプルでありながら、今まで食べたことのない深い味わい。一度茹でた麺を炒めあげているので、味がしっかりとしみ込んで香ばしい。あまりの衝撃で、すっかり骨抜きにされてしまった。

お店のとりこになってしまった私は、在宅勤務の合間をぬって、ランチに通うようになった。スパゲティはどれを食べてもおいしいが、特にスープスパゲティは、最後のタラコの一粒まで飲み干したくなるほど。思わず最後まで、ズズズっとすすって飲み干すと、ママさんが「全部飲んでくれてありがとう！　百点満点！」と言ってくれる。これがまたうれしい。だって本当においしいんだもの。最後の一滴まで愛おしくなる。

味のおいしさはもとより、このお店には、ついついハマってしまう独特の魅力がある。この特別感はどこから来るのかと思うが、それはひとえにオーナーシェフご夫婦のお人柄だろう。

マスターは、福岡県の出身。大学を出て、さて就職、という時にこの築地に来て、自分で喫茶店を開くことになったそうだ。

特に築地をめがけてきたわけでもなく、たまたま紹介された物件が築地だった。そこから40年（？）ずっとこの場所でお店をやっているのだから、巡り合わせってほんとに面白い。

私「ずっと一緒にいて喧嘩しないんですか？」と尋ねると「毎日ケンカばっかりだよ！」とマスター。「でも、40年近く毎日お店やってるなんて仲良しじゃないですか？」「そうなんだよ、実はね」という会話のやりとりが楽しい。

もともと、学生時代に喫茶店でバイトをしていて、飲食店の楽しさを知ったマスター。そこの喫茶店の常連さんで、近くの銀行で働くＯＬさんだったママさん。大学を卒業してすぐ独立してお店を作るとは、とてもバイタリティがある。

「一緒にお店をやる？」と声をかけたら、「いいわよ」と答えが返ってきたので、一緒になった、という馴れ初めがまたほほえましい。

ママは「いくらこの人に貢いだと思う？」と冗談めかして言う。先に社会人で働いていて蓄えのあったママが、マスターに出資したのだそう。

包丁と腕ひとつでお店を始めると決めたマスターをずっと支えてきているママさん。

かわいいママさんと、九州男児のマスターが、二人で力を合わせて作りあげてきたお店。なんともいえないアットホームな風情があるのは、そこに穏やかな愛を感じるからだろう。

今や築地の名物、フォーシーズン。私の友達もすっかりはまってしまって、関西人も東京に来る時は必ず立ち寄るスポットになっている。


私がひとりで行く時は、人間観察をするのもおもしろい。昭和レトロな喫茶店で、昭和40年代〜50年代のレトロな歌謡曲が流れるこの店。

どんな人がやって来るのだろうと思って見ているととても面白い。築地の場外で働くお店の方や、近隣のサラリーマンやOLさん、マスコミ関係の業界人っぽい人……さまざまな人がここへ来て、ママさんと会話をし、マスターのスパゲティをおいしくほおばる。とても幸せな時間が流れている。

マスターが休みなくフライパンをふるう音が小気味良い。ここのスパゲティは、ソースを絡めるだけでなく、必ずこの炒めるひと手間が加わっている。

マスターあってのフォーシーズンの味。

この味がずっと永久に続いてほしい、ずっと築地で食べていたいと思うが、今のところ継承者はいない。娘さんは、ずっと朝から働き続けている両親の忙しさ、大変さを知っているので、なかなか引継ぐところまではいかないそうだ。

しかし、フォーシーズンファンはあきらめない。私はこの味がどうにかして、築地の食の文化遺産になったらいいなと願っている。


市場の人たちにとっては昔から愛すべき存在だが、私のような新参者にとっても、築地と言えばここ！　とオススメしたくなる特別な場所。お寿司やマグロだけじゃない築地のお楽しみは、まだまだたくさんある。

マスターも、お店をやっていて面白いのは「人間交差点」だからと言う。おいしさの秘密は、どんな人が作っているのか、どんな人と食べるのか、やっぱり「人」にあり。

ここはパスタではなく「スパゲティ」。どれもオリジナリティあふれる味だ

築地場外東通りから、秘密の階段を上がると、昭和レトロなお店が現れる

DATA

フォーシーズン

住所 東京都中央区築地 4-14-18ライオンズM築地2F
営業時間 7:30〜15:00
電話 03-3545-9494　休業日 日曜・祝日

生こしょうと珈琲

「ペッパーのディズニーランドを作りたい」

築地人
その
3

築地ペッパーズカフェ

てっちゃん・ゆうこちゃん夫妻&まきちゃん

築地の好きな場所

波除神社

築地場外市場の中に、本当は人には教えたくない、秘密の隠れ家カフェがある。まさかこんなところに、というような裏路地の中にあるので、お店の名前を言っても、まず辿り着くのが難しいだろう。佃煮の名店、諏訪商店の奥の諏訪市場（マーケット）内にある小さなお店だ。

これだけニッチな場所でありながら、朝から晩まで、ひっきりなしに人が集ってくる不思議なお店、それが『築地ペッパーズカフェ』だ。厳選した胡椒とコーヒーを楽しむがことができるスタンド。胡椒は、カンボジアから厳選して輸入した塩漬け生胡椒。コーヒーは、イタリアの本場ナポリから、と本格的だ。ペッパーズ＝胡椒の専門店。まさに、小粒でもピリリと存在感のあるお店。

２０１９年11月にオープン、３年間であっという間にディープな築地の人気スポットになった。仕込みや仕入れの行き帰りや、休憩中に立ち寄る市場の人たち、近くの会社のＯＬ、サラリーマンたち、インスタで見つけてやってきた観光客の人たち。海外からのお客さんも多い。日刊スポーツの寺沢さん（Ｐ．１９０）もよく目撃される場所。客層もバラエティに富んでいて面白い。

味にうるさい築地で働く人たちにも、ここまで愛されている理由は、ずばり、おいしさへのこだわりだろう。食の街・築地は、やっぱり味に厳しい。築地で新しいビジネスをやるのは難しい、ともいわれる環境の中で、3年ですっかり土着のお店になり、常連さんの宿り木になったペッパーズカフェは異色の存在だ。

けれども、お店に来たらその理由も納得。2〜3人しか座れないカウンタースペースが妙に落ち着く。古びた裏路地の雰囲気もあいまって、一杯のコーヒーも味わい深い。さりげない、けれど特別なひと時を楽しめる。

朝は、500円から食べられるペッパーモーニング。生胡椒がふんだんに乗ったチーズペッパートーストが癖になる。お昼は、生地から手作りの自家製ペッパーピザ。4種類のソースからピザソースを選び、トッピングをオーダー。もちもちのピザ生地に、とろけるチーズの上に見え隠れする生胡椒がたまらない。こうして、生胡椒の魅力にハマっていく人が続出だ。私の友達は、「今まで食べたピザで一番おいしかった!」と大感激だった。

このお店を切り盛りするのは、てっちゃん&ゆうこちゃん夫妻。

ペッパーズカフェを始める前は、二人とも飲食店未経験だったというから驚きだ。というのも、どの飲食メニューも、センス抜群だからだ。

「本当に⁉」と驚く私に、「そんな大したもんじゃないですよ～」と言いつつ、お店の成り立ちを教えてくれた。

もともと、ゆうこちゃんはＯＬさん、てっちゃんは外資系企業のサラリーマン。お店をオープンする1年ほど前、ゆうこちゃんが仕事で東南アジアに行った時に、生胡椒を持って帰ってきた。このカンボジアの生胡椒との出会いをきっかけに、「何かやってみよう」と軽い気持ちからスタート。その頃、てっちゃんが手伝っていた仲間の仕事場が築地で、たまたまそのスペースが空くことになり、「お、ちょうど良い」ということで、築地にお店を出すことを決めたそうだ。

日本ではあまり流通していない生胡椒を試食しながら、おいしいコーヒーが飲めて、胡椒の話をしながら、軽くお酒を飲める実演販売のような場所があったらいいよね、が形になった。メニュー開発も、ＨＰ作りも、商品の撮影も、すべて二人で。白い壁に映えるウッドベースのカウンターも、お酒のボトルが並ぶ壁の棚も、ＤＩＹで手作りだそうだ。ありそうでなかったお店。コンセプトにもセンスのよさが光っている。

私が偶然通りかかって見つけた時、独特の雰囲気に惹きつけられた。「生胡椒、食べてみますか?」と試食品をいただき、一粒二粒口にすると、体がカッと熱くなるのを感じた。「お・い・し・い!!!」

新発見だった。この小さな胡椒が、なんてすばらしい働きをしているのだ! 生胡椒を使った食事も、オリジナルコーラも絶対おいしい、という確信のもと、お店の看板のコーヒーと、ベーコンレタスのペッパーホットサンドをオーダーした。「ううう、おいしい!!」

ボリュームたっぷりの野菜やベーコンの中に生胡椒が潜んでいて、食べるごとに適度な刺激を与えてくれる。多すぎず少なすぎず、ちょうど良い胡椒の量で飽きが来ない。オープン当初はまかないだったペッパーサンド。近所の常連さんが食べたいというので、通常メニューになったという。これは、まかないのままじゃ勿体ない!! 発掘してくださったYAZAWA COFFEE様、ありがとうございます。一度食べてから、定期的に無性に食べたくなるペッパーサンド。かなり量も多いので、がっつり食べたい時はお腹を空かせていくのがオススメ。

もう一つ、このお店のすごいところは「ご近所ならコーヒー一杯からデリバリーしますよ」という配達サービスがあるところ。

ある日、雨で外にランチに行けないなと思った時、「あ！」と思い出して電話でオーダーしてみた。そうしたら、30分後、本当に届けにきてくれた。雨の中、オーナーのてっちゃん自ら自転車に乗って。できたてのペッパーサンドから人の温もりを感じた瞬間だった。築地には飲食店多しといえども、なんてありがたい配達サービス。Ｕｂｅｒでも出前館でもなく、独自のデリバリーシステムで、颯爽と自転車に乗って帰るてっちゃんの姿を見ながら、「どうもご苦労様です」とつぶやいた。そういえば、昔こういうのあったな、と思い出したのが、寿司屋や蕎麦屋の出前の配達。出前制度は昔から日本にあるが、ペッパーさんのようにモダンなお店が出前、というのが面白い。

さて、ペッパーズカフェが築地の中で特別な存在である最大の理由。ここは、築地一インターナショナルな場所。どこから評判を聞きつけたのか、とにかく、いろんな国の人たちがやってくる。アメリカ、カナダ、フィンランド、フランス、イタリア、韓国、台湾、フィリピン……。

〝Where are you from?〟と聞きながら、英語でメニューの説明をするマスター。まるで、ディズニーランドのジャングルクルーズのお兄さんのように、良い声&良い発音の英語なので、聞いていて心地良い。たまにスペイン語やタガログ語を交えたり、どんな国の人にも対応できるコミュニケーション力。それもそのはず、なんと、てっちゃんは愛知県のインターナショナルスクールからアメリカの大学に進学したという、英語ペラペラのバイリンガルだった（他にもイタリア語、フランス語なんかもできそうな雰囲気なので、一体何か国語⁉）。

在日外国人も、観光で来た外国人も、築地の路地裏で英語対応してくれるお店に、居心地の良さを感じるに違いない。ちなみに、一緒にお店をやっているスパイシストのまきちゃんはスパイスの専門家で、月に一度、本格的なスリランカカレーを作ってくれる。ゆうこちゃんも、東南アジアに仕事で行っていたというし、みんな海外と接点があるから、雰囲気が自然とインターナショナルになる。

おいしいものは、世界共通で人を笑顔にする。「ペッパーのディズニーランドを作りたい」と言うてっちゃん。一粒の胡椒から生まれた築地の小さなライブステージ。すでに、いろんな人が笑顔で行き交うテーマパークだ。

毎日ゆうこちゃんが生地から仕込んでいるピザは絶品！

諏訪市場の小さな路地裏のカフェは、てっちゃんの手作りDIY

DATA

築地ペッパーズカフェ

住所 東京都中央区築地4-10-8 諏訪市場内
営業時間 Café Hour 6:30〜17:00
電話 03-5539-8124　休業日 水曜

寿司

「100年企業とは、幾度の逆境を乗り越えた先にあるもの」

築地人
その
4

築地玉寿司
中《なか》野《の》里《り》陽《よう》平《へい》さん

築地の好きな場所
聖ヨゼフ教会(カトリック築地教会)

「築地玉寿司」といえば、その名を聞いたことがある人もきっと多いだろう、日本全国に支店のある有名寿司チェーン店。お寿司の美味しさはいわずもがな、サービスもとても気持ちがよく、何度でも訪れたくなる代表的な築地発の寿司店のひとつだ。

その経営者である四代目社長、中野里陽平さんは、ご自身も「築地玉寿司」の看板だ。会社のサービスや実店舗が有名であっても、社長がどのような人物なのかまでは世間に知られていない企業も多いが、陽平さんは、今や経営者が集う講演会にも引っ張りだこの有名人でもある。


陽平さんは、一言でいうと築地の異端児、「スゴい経営者」だ。もっと言うと、未来の日本を創る、築地発・日本のリーダーだ。

築地玉寿司は、陽平さんのお祖父様が大正13年に創業し、陽平さんは四代目にあたる。「私たちは海の幸のおいしさに真剣です」を経営理念に掲げ、日本の海産物を美味しく食べられる場所を提供することに尽力されている成長著しい企業、玉寿司。

だが、陽平さんが四代目を継いだ2005年時には、バブルの爪痕で、なんと78億円もの負債があった。

社長就任当初は板前のトップに相手にされず話も聞いてもらえなかったり、「ボンボン社長」とバカにされたりしたそうだが、そんな逆境でもめげずに、職人たち一人ひとりと真摯に向き合い、食らいついていった。

「業績を立て直すためには、現場の声を聴く必要がある」。そう考えた若社長は、当時在籍していた300名程の従業員全員と面談をするため、全店舗を順番に回っていくことを決めた。そんな陽平さんの、従業員の方々へ真摯に向き合う姿勢や玉寿司復興にかける熱意が、社内でも噂として拡がっていき、次第に寿司職人たちからの見方が変わっていった。そうして、弱冠32歳という若さで会社のトップとなった陽平さんは、従業員からの大きな信頼を勝ち得ながら、社員一丸となって会社を復興し、見事12年目で多額の借金を返済したのだった。


従業員を家族同様に大事にすることでもよく知られている玉寿司さん。

多くの店舗とたくさんの従業員を抱え、コロナ禍では休業により、売上が9割も減る大変な状況でも一人もリストラしなかったというのだから、その愛は本物だ。

そんな玉寿司も2024年には創業100周年を迎えるが、「100年企業でも一日たりとも楽な日はない」と四代目社長は言う。

すらりと背が高くて紳士的、柔らかい物腰でいつも笑顔が爽やかな陽平さんのお姿からは苦難は想像できない。が、お話を聞くたびに、これまでの想像を絶する苦労と忍耐と努力、そして計り知れないほどの大きな愛があったことが窺えて胸が熱くなる。

築地玉寿司は、創造と破壊と再生を繰り返してきた革新的な企業でもある。

今でこそ珍しくない手巻き寿司や寿司の食べ放題サービスだが、これは実はどちらも玉寿司が始めたものなのだ。

昭和46年に玉寿司で生まれた手巻き寿司は、銀座に来た若い女性たちに気軽に寿司を食べてほしいという思いから生み出された。ソフトクリームの形からヒントを得て開発された「元祖 末広手巻き」は、銀座コア店の出店と共に見事大ヒット。銀座の大通りに大行列ができたという。

当時の銀座の寿司屋といえば板前さんのいるカウンター、値段は時価で、と大変敷居が高かったそうだ。そんな寿司業界の常識を破り、若い女性でも気軽に入れるように改革を進めたのが先代の孝正さん（三代目・現会長）だった。

四代目の陽平さんもその開拓者としてのスピリットを受け継ぎ、しきたりにとらわれない斬新な視点を持っている。たとえば、今の若い人は昔のように長い期間の厳しい修行はできないから、となんと１００日間の研修で職人を半人前にまで育てる「玉寿司大学」という教育プログラムを作り上げた。

寿司は日本を代表する文化だという誇りを持つ陽平さんだからこそ、次代を担う人材育成に新しい風を吹き込めたのだろう。


そして、玉寿司さんを語る上で欠かせないのが、陽平さんの祖母にあたる〝こと〟さんだ。玉寿司の二代目社長として戦後を明るくたくましく生き抜いた女性であり、ことさんを主人公とした玉寿司の歴史は舞台化もされている。私は２０１８年を皮切りに、19年、22年と3回観に行った。

最初の上演はまだ市場が豊洲に移る前だったこともあって、とても思い出深い。もともとは、築地の海苔屋・鳩屋の店主である鵜飼さん（P．１８２）が役者として舞台に立つということで観に行ったことがきっかけだったのだが、見終わる頃にはすっかりことさんの生き方の虜になってしまった。

昭和・平成・令和と連綿と続く玉寿司の歴史に焦点を当てつつ、築地が「世界の築地」と呼ばれるまでどのようなことがあったのかという築地の裏側を描くこの舞台。ことさんの夫・栄蔵さんが戦時中に突然死することから物語は始まる。

店を受け継いだことさんは、日本で初めて女性でありながら寿司を握った板前さん。なにぶん戦時中から戦後のこと、寿司屋なのに魚も思うように入手できず、お客さんを喜ばせたい一心のことさんは、苦肉の策として、野菜や漬物を使って寿司を提供する。「女性が寿司を握るなんて」と言われながら、焼け野原の中で子供を3人抱えて店を切り盛りすることさん。苦しい時、支えになったのは夫の最期の言葉「玉寿司を頼む」だった。

実際、料亭の女中で働きモノで有名だったということさんは、舞台の中でもシャキシャキと動き回り、みんなを盛り上げる朗らかで生命力にあふれる人だ。

夫から託された店を守り抜き、逆境の中にあっても明るく前向きなことさんには、日本人女性の持つブレない芯の強さがある。こんな強く美しい人が築地にいてくれたおかげで、今、私は築地で素晴らしい寿司文化に触れることができるのだ！　ことさんが繋いでくれたタスキは四代目の陽平さんがしっかりと受け継ぎ、発展させている事実に再び大きな感動と喜びを覚える。

この本を執筆している令和4年現在、全国31店舗まで広がった玉寿司グループも、始まりは戦後の焼け野原に佇む一店だった。それでもめげずに立ち上がった彼女が歩みを止めていれば、私がいるこの築地という場所はきっと違う形になっていただろう。

どんな時代でも荒波はやってくるが、明るく希望を持ち続ければきっと未来は開ける――心の底からそう思わせてくれる舞台で、私はますます玉寿司さん、引いては玉寿司ファミリーが大好きになった。

舞台でも家族の絆が描かれていたが、玉寿司の店舗では随所から家族の繋がりを感じられる。実は、築地玉寿司のシンボルの顔マークも、現会長の妹さん、陽平さんの叔母にあたる方が美大卒の腕を活かして描かれたもの。

一見すると単なる笑顔に見えるが、よく見ると「つきじたまずし」と平仮名で描かれているのだ。あらためて見てみると、なんともほっこりする福福しいお顔である。

また、玉寿司を利用するともらえる手書きのメッセージカード「もじにぎり」。

次回の来店時に、こちらを見せると割引のサービスを受けられるものなのだが、単なるクーポン券ではなく、一枚ずつ手書き。生身の人の顔が浮かんでくる玉寿司らしい心配りで、初めてのお客様の舌も心もしっかり掴んで離さない。

大手チェーン店でありながら、人のぬくもり、そして古き良き日本の家族の温かさを感じることができる築地のお寿司屋さん。血筋が繋がり、一緒に住む家族はもちろん、従業員もみんな大きな家族。言い換えれば、お客様も、これから関わる人もみんなが家族。昔も今も未来も、時代を超えて繋がる家族の輪。それが、人を大切にする『築地玉寿司』の人気の秘密なのだ。


令和4年11月1日。玉寿司さんは本拠地の築地に、新しいお店をオープンされた。その名も『鮨 本店上ル』。本店の2階を改装して作られた高級寿司店。令和5年に創業100年を迎えるのを見越して、陽平さんが1年以上前から温めてきた構想を体現されたお店だ。玉寿司ファンの私は、さっそく開店当日に予約してお伺いしてきた。

一階の本店横にある看板のない扉を開けると、二階に上がる薄明りの階段。上がりきった先には、玉寿司創業時の昭和レトロな雰囲気の写真と、楚々としたお出迎えの女性たち。店内に足を踏み入れると、ぱーっと気持ちの良い空間が広がっていた。予約の時、「カウンター席しかありません」と言われた意味がやっと分かった。真ん中の板場を三方で取り囲むように作られた大きなカウンター。なんて贅沢な空間だろう。目の前に立つ板さんの一挙一動から目が離せない、ここは玉寿司ライブ劇場だ！

寿司を握る男性陣はみんなすっきりとした坊主頭。ことさんの舞台に出てくる栄蔵さん（初代）を思い出した。命がけの覚悟を感じる潔い板さんの姿は、寿司を握る間も無駄な動きがなく、まるで卓越した修行僧のようだった。

毎日市場からやってくる新鮮なネタを使った、おまかせコースで出てくるお寿司は、一品一品が驚きの連続。目の間で中トロが丁寧に柵から切り落とされ、それを盛りつける所作の美しいこと。牡蠣も白子も、素材の良さはもちろん、こだわりの調味料を扱う板さんの手仕事。この一手間がこんなにも人を幸せにするのか、と驚くほどのとろけるおいしさだった。

特別な時に行きたい、築地にありそうでなかった「大人の鮨屋」。この新店の衝撃は大きい。百年企業も、店の名前に胡坐をかくことなく、毎日の商いの積み重ねなのだと改めて感じる。陽平さんの次の一手がまた楽しみだ。

2022年11月オープンの『本店上ル』は、特別な人と行きたい場所

口に入れた瞬間に幸せが広がるお寿司は、口福のかたまりだ

DATA

築地玉寿司本店

住所 東京都中央区築地1-9-4
営業時間 11:00〜22:00
※ランチタイム　11:00〜15:00
※ラストオーダー　閉店の30分前
電話 03−3541−1917　休業日 なし　創業 1924年

コーヒーショップ

「コーヒーを仲介に、無数の出会いがある」

築地人
その
5

米本珈琲
米《よね》本《もと》謙《けん》一《いち》さん

築地の好きな場所
米本珈琲本店のいつも立っている場所
（お客さんとの会話ができて、最高に楽しい場所だから）

「マスター、おはよう」

「マスター、いつもの」

早朝から常連さんで賑わう、築地のシンボル的なコーヒー屋さんがある。

築地の朝は早い。場内市場があった頃の築地のゴールデンタイムは朝5時〜7時。9時〜10時になればモノがなくなり、お昼には店じまい。だから築地といえば、「朝ごはん」も有名だった。プロの料理人たちは、早朝から築地へ買い出しに来て、店に戻っては仕込み、昼ごはんを提供するのだから忙しい。市場のお店で働く人、仲買さん、買い出し人、食のプロたちが日々相対で殺気立つ世界。皆、時間との真剣勝負だから、築地の朝ごはんは、サッと出されてパッと食べられ、かつおいしくて当たり前。「うまい、安い、早い」のキャッチフレーズで有名な吉野家の牛丼も、築地の場内市場にあった吉野家一号店が発祥の地だ（もともとは「早い、うまい、安い」の順だったというから、とにかく早さが命だったことが窺える）。

場内市場にあったお寿司屋さんや海鮮問屋さんは、場内移転前は半端ない賑わいで、かくいう私も、開店前の朝2時から並び、朝5時から目の前で握り立てのお寿司を食すという贅沢な経験をしたことがある。活気のある築地魚河岸の一画でいただくお寿司は、他では味わえない格別な感動があった。あぁ、懐かしき光景。

それから10年経ち、築地住民となった私のお気に入りは、場外市場にある「米本珈琲」。ここのモーニングを食べると朝からとても元気になる。一週間もお店へ行けない日が続くと禁断症状が出てしまう程に、自分の生活の基盤となっている。


米本珈琲は、二代目マスターの米本謙一さんが切り盛りしているコーヒー屋さん。初代はお母さまの百々子さん。嫁ぎ先の果実屋の片隅で、パンの販売をしたのがスタートだそうだ。いわゆる街の喫茶店だったお店を、息子の謙一さんが大学卒業後から受け継ぎ、現在のコーヒーショップのスタイルにした。市場、地域に根付いたコーヒー屋になっていった。今や街中にコーヒーショップがあふれ、どこでも手軽においしいコーヒーを飲める時代だが、当時はイートインでコーヒーが飲めて、しかも破格の200円だったというから、日本のコーヒー文化の先駆け的存在である。

今日もお店を覗き、お洒落眼鏡にベスト姿のマスターを見るとホッとする。まさしくここは「築地のほっとステーション」。

毎朝、なじみの常連さん達が次々とやってくる。

「マスター元気?」「おはようございます。今日も早いね」

「いつものお願いね」「はい、かしこまりました。アメリカンね」

そんな会話が、ポンポンと楽しく繰り広げられている。

お店に来るお客さんはさまざまだ。築地場外のお店の重鎮、買い出しに来る料理人さん、飲食店を営む社長さん、私のような地元の人。ふらりと立ち寄った観光客。外まで漂ってくるコーヒーの香りに誘われて、外国人のお客さんもたくさんいらっしゃる。そんな時、マスターは流ちょうな英語で対応される。

「Would you like room?」

とは、ミルクを入れるかどうかを聞く時のフレーズだそうだ。英文科出身の私も知らない、コーヒー屋での実用英会話を使いこなすマスターは本当にカッコいい。

マスターは慶応大学卒業のインテリだ。とても博識で顔が広い。築地のイベント、新店情報、政治経済、社会の動き、天気予報に至るまで、何でも知っている情報通だ。

コロナ禍の2年目、「隅田川でお花見するのでお弁当を調達しようと思って」と相談すると、「今年はまだお花見で立ち止まってブルーシートは広げられないよ」と優しく諭してくれた。世の中のニュースのダイジェストはマスターに教えてもらえるので心強い。マスターと話していると、そこに居合わせたお客さんとお話をさせていただくこともあるが、そんな人と人とがアナログで繋がる温かさがこの店にはある。おいしいコーヒーがさらにおいしくホットになる瞬間だ。

そんな米本珈琲には、名物のモーニングセットがある。あのジョン・レノンも愛した「ベーコンエッグトーストセット」は、築地のたまご専門店、新海商事さんの奥久慈の卵に、近江屋牛肉店さん（P．108）のベーコン、パンは業務用の特注品。オリジナルドレッシングのサラダに、淹れ立てのコーヒー、出来立てのトーストを食べるモーニングは至福の時だ。ある時、ちょっと通ぶって「卵はちょっと半熟で」とお願いしたら、その後からは、ずっと私の好みに仕上げてくださる店員さんの心遣いがうれしい。
かつてジョン・レノンが来日する時、羽田空港に着いてまっさきに築地に来て、モーニングコーヒーを飲んでいたという。時には、到着が早すぎて、シャッターが閉まった状態の店先で、ジーンズ姿のジョンが待っていたこともあるらしい。

ジョンとヨーコさんは、コーヒーを飲み終わったあと、コーヒーカップとソーサーの間に、さっとチップを入れて帰っていったそうだ。当時、若かりし頃のマスターが「一緒に写真を撮っても良いか」と尋ねたところ、「今はプライベートなのでそれはしない、でもその代わりに、これからまた来るからね」、と言ったジョンは、約束通り、その後何度も通ってきてくれたという。

今も米本珈琲は、ビートルズファンの間で聖地として有名であり、彼が愛したコーヒーは「ジョンレノンブレンド」という名前で、たくさんの人に愛飲されている。店内でコーヒーを飲みながら、マスターから当時の話を聞き、ジョンが気に入っていたという席に座ってみると、世界の大スターがどんな思いでコーヒーを飲んでいたのだろうかと感慨深いものがある。

米本珈琲は、店内での飲食、テイクアウトも勿論、コーヒー豆の販売も人気だ。お願いすると、その場で豆から粉にひいてくれるので、焙煎器がない家でもドリップコーヒーを楽しむことができる。買った豆を入れてくれる外袋がまた秀逸で、遠くからでもよく分かる、マスターの似顔絵が入ったド派手な黄色の袋。「この顔を見たらご用心」ならぬ、「この顔を見たらコーヒーが飲みたくなる」効果がある。


場内市場が移転した今でも、米本珈琲は朝5時オープン。「買い出しに来る人たちは朝が早いからね」と、昔からのお客様を大切にしている。そんなマスターを慕って、またお客さんがやってくる。そして、隣りあわせになった常連さんを「この方は○○という料亭に昆布を卸している人でね」「こちらは△△というお店の社長さん」といった具合に、ご紹介いただけるおかげで人の繋がりが広がる。

年末に、マスターに日頃のお礼をお伝えさせていただいた際の返信メッセージ。

「コーヒーを仲介にいろんな方とお会いして出会いがあって、いろんな知らない話が聞けて、私が毎日実感していることをくみちゃんにも共感して欲しいと思いました。良いお年を。ゆっくり休んで下さい」

一杯のコーヒーから無数の出会いがある。マスターが淹れてくれる世界一味わい深いコーヒーを楽しみに、今日もまた市場のオアシスに足を運ぶ。

やはりイチオシは、ジョン・レノンも
愛したベーコンエッグトーストセット

毎朝5時から午後３時
まで、いろんな人た
ちが行き交う場

DATA

米本珈琲本店

住所 東京都中央区築地4-11-1
営業時間 5:00〜15:30
電話 03-3541-6473　休業日 日曜
創業 1960年

COLUMN 2

築地の歴史と文化

ようこそ、楽しい築地の世界へ。ここでは、地元の人はよく知っている、でも知らない人は知らないかもしれない、築地の歴史と文化についてご紹介します。

①築地の誕生

築地の歴史は江戸時代から始まる。「築地本願寺」の章でも触れているが、明暦の大火後、本願寺再建のため、佃島の門徒たちを中心に海を埋め立てて築かれた地が、築地。１６５７年の築地本願寺建立は、築地の土地の歴史ともいえる。海の埋め立ては、もちろん一筋縄ではいかなかった。堤防を築いても荒波にさらわれてしまい、工事は難航を極めた。

ある時、海面にぷかぷかと光り輝くものが漂っていた。人々が不思議に思い船を出してみると、立派な稲荷大神の御神体だったそうだ。それからというもの、波風がピタリとおさまり、工事はやすやすと進み埋め立ても終了した。この御神体をお祀りしているのが、氏神様である波除稲荷神社（通称・波除神社）だ。築地本願寺の周りは58か所もの寺院が集まる大きな寺町だった。また、江戸中期の築地は、大名屋敷から下級武士の邸宅まで分布する武家地としても発展した。

幕末には、今の明石町に外国人居留地が作られ、東洋と文化が入り混じり、文明開化の玄関口となった。

その後、１９２３年（大正12年）の関東大震災で東京の街並みは激変。焼失した日本橋魚河岸は築地に移転、１９３５年（昭和10年）に正式に市場が開場した。また、築地本願寺の本堂も伊藤忠太博士の設計により、ユニークな建築物として再建された。市場も築地本願寺も、令和の今でも変わらず、築地の街のシンボルである。

②築地はじめて物語

築地には「○○発祥の地」が多い。

例えば、聖路加国際病院の周辺は多くの学校発祥の地となっている。

青山学院、女子聖学院、明治学院、雙葉学園、立教女学院、立教学院、女子学院、暁星学園など。明治時代に外国人居留地ができ、キリスト教宣教の場となったことから、数々のミッションスクールが生まれた。


他にも、日本文化事始の地（慶應義塾発祥の地、蘭学の泉はここに）、指紋研究発祥の地、都市型保健所発祥の地、東京税関発祥の地、電信創業之地、靴業発祥の地、日本サッカー発祥の地、サンタクロースの発祥の地、などなど。

「築地はじめて物語」として私が好きな場所を二つあげるとしたら……。

①東京で最古のカトリック教会『カトリック築地教会』……玉寿司の中野里社長も好きな場所と挙げられていたが、パルテノン宮殿のような白い建物の聖ヨゼフ教会は一歩中に入ると心が落ち着く。
②日本ではじめての西洋ホテル『築地ホテル館』……1868年に開業しわずか4年で焼失、「幻のホテル」と言われているが、当時の華やぎは数々の絵巻に残されており、和洋折衷の建築の美しさに溜息が出る。

築地は、江戸文化が花開いた地。明治になると居留地として西洋と東洋が交わる最先端の場所だったことから、国内外からいろんな人がやってきて新しいものを創り出す、異文化を受け入れる風土があったのではないかと思う。現在も文化的多様性を持つ築地の性質はここに!?

③築地文化が粋な理由

ひょんなことから、私は数年前に日本の芸者・お座敷文化に興味を持ち、研究をしていた際、築地も花柳界と深い繋がりがあると分かった。

今でも、銀座～築地界隈ではいくつもの料亭が営業中だ（料亭とは、花柳界に属し、芸者さんを呼ぶことができるお店をいう）。

銀座と築地、違う印象の街ではあるが、同じ東京都中央区であり、徒歩10分の距離にある。

どちらも大事な日本の食・お座敷文化を支え続けている街だ。

さて、「日本三大料亭」をご存知だろうか？『吉兆』『金田中』、そして『新喜楽』の三つを指す。

そのうち『新喜楽』は築地にある。１８７５年（明治8年）創業。１８９８年（明治31年）、大久保重信邸跡地（現在の場所）に店舗移転。昭和36年から現在まで、毎年の芥川賞・直木賞の選考会場として使われている。いわゆる「一見さんおことわり」の料亭の中の料亭。

この辺りには「芸の新橋」と呼ばれ、東京でも格式高い新橋芸者さんがいらっしゃる。それを支えるのが東銀座から築地一帯の料亭。時代が変わり、今は料亭の数はだいぶ減ってきたが、昭和40年くらいまでは、築地でも芸者さんが人力車で通う姿が見られたという。

そんな芸者さんたちを見て育った築地の人たちには、花街ならではの色香と、旦那衆の気風のよさが自然と根付いているのではないかと思う。

実際、昭和の築地の人たちは芸達者だったと聞く。市場の仕事後、笛や太鼓、踊りなどを嗜む粋な文化があったそうだ。その精神は今も、「多々幸会《たたこうかい》」の存在からも伝わってくる。

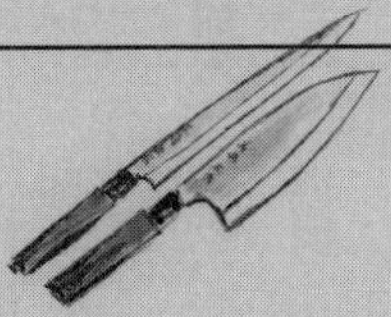

二帖

CHAPTER 2

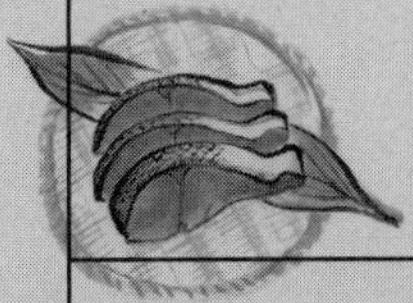

築地を支える
お嬢たち

包丁専門店

「型があるからこそ しなやかに動ける」

築地人
その
6

東源正久
小川《おがわ》由香《ゆか》さん

築地の好きな場所
波除神社

明治5年創業の『東源正久』。「あずまみなもとのまさひさ」と読み、その名の通り、源氏に仕えた刀鍛冶を出自とする由緒正しい包丁専門店だ。

魚河岸であり、飲食店も多く存在する築地と包丁はまさに切っても切れない関係。店内には、マグロを解体する大きなものから、ペティナイフまでさまざまな種類の包丁が揃う。販売だけでなく、市場で使われている包丁のメンテナンスも大事な仕事のひとつだ。


老舗の包丁専門店というといかにも頑固な老職人が睨みを効かせていそうで、少しハードルが高く感じる人もいるかもしれないが、こちらは20~30代くらいの若い男性スタッフもきびきびと働いていて、歴史は古いが開かれた雰囲気。

コロナ前には外国からのお客も多く、英語で接客している姿もよく目にした。

そもそも、日本の包丁は海外から見ても大変魅力的なモノで、切れ味、強度など他では手に入らないクオリティの高さだそう。刀鍛冶から連綿と続く文化なだけあって、日本は『研ぐ』技術がやはりスゴいのだ。

店を取り仕切る四代目当主の小川由香さんは、築地に生まれ、三代目であるお父上の背中を見て育った生粋の築地っ子。

幼い頃からお使いや集金を手伝い、商売の世界に身を置いてきたこともあってか、老舗の看板を背負うにふさわしい肝の据わった女性だ。

だが、令和のこの時代にあっても、鍛冶場は女人禁制。由香さんは、いかに店を愛する当主といえども鍛冶も研ぐこともできない。

そこで登場するのが、職人として先代の後を継ぎ、由香さんの次の当主となる予定の石川裕基さんだ。彼は150年続く包丁専門店の跡継ぎでありながら、小川家の血族ではない。


包丁職人というのは熟練の技が必要であり、職人の絶対数が少ない。包丁によってはそれを造れる（打てる）人が見つかるまで人脈を辿ることも珍しくないというのだから、その希少さが分かる。現役の職人の高齢化も深刻だ。

加えて、由香さんは職人として現場の仕事と経営の両方を担っていた先代が病気になった際に大変であった経験を覚えていたため、早めに現場の跡継ぎを見つけておかねばと思い立ち、なんと求人広告を使って後継者を探すことにしたのだ。

老舗の次期当主候補を求人広告で探すって、なかなかやらないことではないだろうか？　ここでも由香さんの思い切りの良さが窺える。

そうして何人かの応募者の中から見出されたのが、前述の石川さんだ。

面接に来た時の石川さんは弱冠二十歳、茶髪にピアスをした今時の若者。しかもまったくの業界未経験者。それでも、先代と由香さんは彼から「包丁職人になりたい」という強い志を感じ、彼なら信頼できるだろうと感じたそう。

ふたを開けてみれば、石川さんはとてもセンスがよく、すぐに技術を習得して周囲からもあっという間に認められるようになった。

由香さんの人を見る目は正しかったのだ。

「彼は真面目で、仕事を始めた当初から職人として重要な、学ぶ姿勢が完成されていました」と話す由香さんは、長く続くお店の看板を守っていくために社員の接客マナーをとても大事にしている。

それは、包丁を買いに来る人との信頼関係こそが商売の要であると認識しているから、「ちょっとしたボタンの掛け違いでお客さんを失くしてしまうことがあるから」と細やかな心配りを忘れない。

お客様への対応、礼儀作法、言葉遣いなど商売をする上での基本的な作法を、由香さんは口伝えだけではなく、自らが動くことで背中を見せている。実際、由香さんの挨拶は気持ちよく、お店中に響く「旦那！」という呼び声も清々しい。

築地では、他店の社長のことを「旦那」と呼ぶ慣習がある。他にも「若旦那」「お嬢」など、巷《ちまた》では今時あまり聞くことのなくなった粋な呼び方が違和感なく溶け込むのも築地ならでは。由香さんもまた、幼い頃から「お嬢」と呼ばれ、実際にお嬢様育ちで日本舞踊、鼓など多くのお稽古ごとを修練されてきた人である。

今でも橘流の日本舞踊によって、丹田に力を入れることが身についているという由香さんは、「型があるからこそしなやかに動ける」と基礎の大切さを話す。

「型があるから型破り、型がなければそれは型なし」とは故・十八代目中村勘三郎丈がおっしゃっていたと有名な言葉だが、何事も基礎がしっかりしていないと、継続も進歩も難しい。

由香さんの型を大事にする精神は、代々受け継がれてきた暖簾を正しい型で守っていくことにも通じる。その根幹には、モノを売るだけの商売ではないという確固たるプライドがある。

「包丁は、単体で見るとただのモノだけど、使われているのは家庭や飲食店のキッチン。包丁なしで料理はできないでしょう。そういう意味で、食に深く関わる仕事でもある。食べること、つまり生きることと包丁は密接に関わっている。だから、私はこの仕事に誇りを持っています」

包丁にお世話にならずに生きている人は、今の時代では、ほとんどいないであろう。実は、包丁が違えば味も違う。本来、包丁は使い捨てではなく、代々受け継がれ、その家の味とリンクするものなのだ。


東源正久は、由香さんの代になってから海外への卸売りやインスタグラム、ＹｏｕＴｕｂｅなど新しいことへも積極的にチャレンジしている。名刺には、先代から使われる鍛冶のモチーフが描かれ、かっこいい。刀鍛冶の原点を感じる。

由香さんいわく『『生きている』ということは『息をする』ということ。だから、酸素を取り入れるように、毎秒毎秒新しいものを自分の中に取り入れていくことを忘れないようにしているんです』。

当主として多忙な日々を送り、日常のルーティンにも追われる中、どうすれば由香さんのように強くブレずにいられるのかと尋ねると、「心柱《しんばしら》を持っておくことが大事！」という答えが返ってきた。

心柱とは、自分が自分らしくあるために支えとなる柱のことで、その柱に背かず、本当に納得し、肚に落ちているかどうかを行動の基準とする。

日々の雑事、ルーティンワークは頭を使って手際よくこなし、本当に大事な決断は効率の良さや目の前の利益だけに目を向けず、心に問いかける。

由香さんとお話していると、軽やかなのに芯は強く、どんな時でも自分だけでなく他人の気持ちまでも慮る余裕を感じる。生粋の「築地のお嬢」が身を以て粋の作法を教えてくれているのだ、と思う。


「野暮はもまれて粋《すい》となる」という言葉がある。最初は野暮でも、一所懸命やっていけば粋になれるという意味だ。

築地では、「粋」でなければ商売はできない。多様な価値観の人を受け入れ、対話し、常に新たなことを学び続けることで、包丁が研がれて切れ味を増していくように、人も磨かれて「粋」になるのだ。

重厚な『東源正久』の看板を見上げながら店内に入ると、ありとあらゆる大きさの包丁がずらり。由香さんの隣には、先代のお父様の写真が。いつも見守ってくださっている存在だ

店の奥から聞こえてくる包丁を研ぐ音が心地良い

DATA

東源正久

［住所］東京都中央区築地4-13-7
［営業時間］5:30〜15:30
［電話］03-3541-8619　［休業日］不定休
［創業］1872年

魚卵専門店

「朝から店に立ってよく喋り、毒を溜め込まないこと」

築地人
その
7

田所食品
田《た》所《どころ》惇《じゅん》子《こ》さん
& 悟《さとる》さん・陽《よう》子《こ》さん夫妻

築地の好きな場所
お店に来ると元気になる

『たらこパスタ』（あるいは『明太子パスタ』）と聞いて想像するものより3、4倍は太い麺。

その上に、これでもか！　とたっぷり具材の入った淡いピンク色のソースがかかる。

一瞬、「こんなに食べられるかな？」とうれしい不安がよぎるビジュアル。

だがしかし、絶妙な茹で加減の麺に、口当たりの良いソースのおかげで、見た目のボリュームに反して、スイスイと箸が進んでいく。スープとして出される上品な出汁もしみじみとおいしい。

鮭といくらがたっぷりのった親子パスタも人気の一品。終盤に差し掛かり、ソースを余らせるのはもったいない……と思っていると、女将さんのタイミング抜群な「ご飯ありますよ」の声。追いごはんだ（なんと無料！）。よそってもらったほかほかの白飯を残ったソースにからめれば、箸が進む進む。さらにスープをかければ、お茶づけに。

おかしい、お腹いっぱいだったはずなのに……？

気づけば、一皿で、二度・三度味の変化を楽しみ、ぺろりと完食。

ここは、国内でも数少ない魚卵専門店・田所食品の店舗に隣接した飲食スタンドだ。

こちらのお店、お世辞を抜きにして、何を注文してもおいしい。

前述のパスタをはじめ、お茶漬け、おにぎり、丼もの。

魚卵専門店だもの、たらこや明太子、いくらなどなどの具材がおいしいのはもちろんのこと、米は新潟の「こしいぶき」、海苔は築地の名店『丸山海苔店』のもの。すべての食材にしっかりとこだわりがあるのだ（季節ごとに最高のものをチョイスされているので、お米の種類は季節ごとに変わる）。


「女性が一人でも気軽にサッと食べて帰れるような清潔な明るい店」を目指し、カウンターのみのカジュアルな雰囲気のお店で、営業は築地の老舗らしく朝の6時から14時頃まで。銀座から徒歩圏でもあるので、朝から市場で働く人、サラリーマンやＯＬさん、等々たくさんの方が日々訪れている。毎朝、出勤前に朝定食を食べに来る人、ランチ用のおにぎりを買いに来る人、など時間帯によって客層が違う。メディアにもよく取り上げられ、有名人もお忍びで来るほど、一度食べたら忘れられない味。

かくいう私も、もともと魚卵好きで、中でもたらこ・明太子パスタには眼がない部類。ゆえに、このお店のたらこスパゲティに出会った時は感激だった。行列のできるお店だが、座れるタイミングがあれば、滑り込み成功！　パスタを堪能する。

もちろん、おにぎりも大好物。塩加減も握り加減も絶妙、そこにふんだんに盛り込まれた鮭やたらこ、明太子や筋子。その場でさっと握ってくれるのもありがたい。しょっちゅうおにぎりを買っているので、お店の方から「おにぎりのお姉さん」と認識されているようだ。


もとは魚卵の卸売専門店だった田所食品は、2018年の築地場内の移転を見越して、それまでメインの客層だった仲買さんだけでなく一般のお客様にもお越しいただけるようにイートイン用のカウンタースペースを増設。もんぜき通りのこの場所は、きつねや（ホルモン丼）、若葉（ラーメン）など、築地名物の昔ながらの立ち食いのお店が並ぶ通り。昔は、深大寺そばという老舗のお蕎麦屋さんがあったが、高齢化でお店をたたむことになり、そのスペースが田所食品のイートインカウンターになった。

看板商品の明太子パスタは、二代目社長の悟さんと、調理師免許を持ち、調理・接客を担当する若女将の陽子さんとが何軒も食べ歩いた末に考案されたレシピだ。

知る人ぞ知る『ｔａｌａｔａｌａ・ｔａｒａｃｃｏ』――米米ＣＬＵＢのリーダー（ベース担当）で、無類のたらこパスタ好きで有名な大久保謙作氏がオーナーのたらこパスタ専門店で「これだ！」と天啓を受けた二人は、その麺のおいしさの秘訣を大久保さんご本人に尋ねたという。

答えは「冷凍業務用パスタ」。これを使うことで茹で時間も圧倒的に短く、最高の食感でお客さんに提供することができるのだという。そんな企業秘密をあっさり教えてくれるものなの？　と思うが、そこは「おいしいたらこパスタを作りたい！」という同じ志を持つもの同士ということで快くお話ししてくれたそう。

そして太く主張のある麺にもソースがまったく当たり負けしていない理由は、たらこや明太子、いくらといった具材の存在感だろう。そのごまかしのない質と量からは、魚卵専門店のプライドがにじみ出る。


5年前に始められたイートインスペース。はじめは手探りだったところから、今こうして大人気のお店になるまでには、さまざまな工夫と努力があったことだろう。せっかく軌道に乗り始めた頃に、コロナ禍で外出自粛要請。市場からぱたりと人が消えた時には、カウンターの向こうでやるせない気持ちだったことだろう。市場《いちば》の景況は、まさに経済市場（マーケット）と連動している。社会情勢を一番に目の当たりにする市場での仕事だからこそ、時代を読み、お客さんのニーズにあったものを提供されているのが、社長である悟さんの力量だ。

老舗のお店という看板に甘んじず、SNSでまめに発信して、お客さんの心を惹きつけている。Twitterは悟さん、Instagramは奥様の担当、とそれぞれが役割分担しながら、お店を盛り上げているのが、アットホームなお店の雰囲気を作り出している。


田所食品は、現在イートインスペースの隣で販売コーナーを切り盛りしている御年81歳の看板娘・初代女将の田所惇子さんと今は亡きご主人の重夫さんが昭和42年に始めたお店だ。21歳で嫁いで来てお店を始めたというのだから、60年以上⁉　魚卵のプロ中のプロであり、今やこの辺りで一番の長老だ。

惇子さんは、ツルツルピチピチのお肌に背筋もしゃっきり、80歳を超えているようには到底見えない。カウンターの端からでもしっかりと声が届く。今まで病気知らずで、「お産の時以外入院したことがない」という筋金入りの健康体！　惇子さん曰く、元気でいられる秘訣は「何でもよく食べること」、そして「朝から店に立ってよく喋り、毒を溜め込まないこと」。

そして、それは家族が仲よく暮らす秘訣でもある。家族で経営している以上、ぶつかることも多いけれど、言いたいことはその場で言い、尾を引かないようにする。「忙しい時は喧嘩する余裕すらないけどね〜」と笑う惇子さんの笑顔は美しい。


惇子さんと陽子さんのように、築地の女性はみな働き者だ。嫁いだ先で子供を産み育てながら、何十年もずっと働き続けている女性が多く存在する。

「築地」というと前掛けに長靴姿の男性のイメージが強いかもしれないが、惇子さんをはじめとするお元気で生き生きと働く女性とお話していると、この大きな市場を支えているのは実は女性なのではないかと思うこともしばしば。

まめまめしく働く彼女たちは生命力にあふれ、優しくも凛とした「女の気概」を感じさせるその佇まいは、惚れ惚れするほどに美しい。

『若さと健康、美の秘訣は築地にあり！』なのだ。

どれを食べてもおいしい！
見た目も美しい鮭といくらの親子パスタ

イートインスペースは、若女将の陽子さん、販売店舗は、初代女将の惇子さんの持ち場だ

DATA

田所食品

住所 東京都中央区築地4-9-11
営業時間 6:00〜14:00
電話 03-3541-7754　休業日 日曜・祝日・市場休市日
創業 1966年

鮭の店

「だって、そのほうが楽しいじゃない？」

築地人
その
8

昭和食品
佐《さ》藤《とう》友《ゆ》美《み》子《こ》さん

築地の好きな場所

夕暮れ時と夜明け前の路地裏

「鮭のことはなんでも聞いて！」そう言ってコロコロと明るい声で笑うのは、鮭を専門に扱う昭和食品・三代目社長の佐藤友美子さん。

築地と鮭の専門家、通称〝しゃけこさん〟は私の憧れの人でもある。

行動力と愛嬌があり、はつらつとしながらもマイペースで癒やしをくださる。

どこをとっても魅力的な女性なのだ。

しゃけこさんは、かつてライターとして海外を飛び回っていたという、築地では一風変わった経歴の持ち主でもある。


当時、まだ20代だったしゃけこさんは「楽しみは、年末築地に行って魚を買うこと」という知人の言葉に惹かれて昭和63年の暮れに初めて築地を訪れた。

人でごったがえす師走の築地で、鮭を買ったしゃけこさん。特に思い入れもない魚だったが、うず高く積まれた木箱とそこからはみ出んばかりに山積みされた鮭の美しさが印象的だった。銀色に輝くうろこ、真っ白な粗塩をまとった鮭の姿は生きているように見えた。

トラックが次々に到着しては荷降ろしをしている。アルミ製の荷台からフォークリフトで降ろされていく発泡スチロール。あらゆる運搬車が縦横無尽に走る中、人力の荷車、自転車が車輌をかわしながら交差する。

喧騒に包まれた築地の情景を見つめ、鮭を買ってから小一時間が経った時。しゃけこさんは先程の鮭屋さんで「人なんか、いりませんか？」と店主のおじさんに大声で話しかけていた。

そうして、翌朝から働くことになったのが昭和食品だった。

この築地としゃけこさんの運命的な出会いは、すべて彼女の著作『築地―鮭屋の小僧が見たこと聞いたこと』（いそっぷ社／2018）に記されている。

「なぜ働きたいと思ったのか、今となっては思い出せない。

きっと鮭に呼ばれたのだと思う。」

この一節に、私は説得力を感じてしまう。築地には、こうした魔力がある。

そんな形で突然鮭屋さんの小僧として働くことになったしゃけこさん。

今から30年も前、女性が市場で魚を捌くということがとても稀だった時代だ。魚河岸の作法も何も分からず、しかも小柄なしゃけこさんが肉体労働も多い市場で働くのはさぞやハードだっただろう。

「なぜそこまで頑張れたのですか？」と尋ねると、「築地の仕事に興味があったから。あとは、自分みたいな女でもこんなにできるんだっていうことを見せたかったから」と、明るくシンプルな答えが返ってきた。

かくいうしゃけこさんは、当時、体力をつけようと学芸大学から築地までのおよそ10㎞の道のりを自転車通勤していたというから驚きだ。

柔らかな佇まいで、全然肩に力が入っていないように感じさせるのに、負けず嫌いな熱いハートを秘めているのだ。

夏でも冬でも、元気なしゃけこさんの姿に、私ももっと頑張れるかも！　といつもインスパイアされている。


今でもとてもキュートなしゃけこさん、20代の頃は男性ばかりの市場で、目を引いたことは想像に難くない。

現に、当時出入りしていた市場仲間の一人がしゃけこさんと恋に落ち、見染められて結婚。ある意味、職場結婚だ。そして今も、旦那さんとしゃけこさんは一緒に店頭に立って仲睦まじい姿を見せてくれる。

それまで縁もゆかりもなかった鮭との出会いも、人生の伴侶との出会いも築地。築地にはドラマがあふれている。


今、しゃけこさんは昭和食品の店頭で鮭を切り盛りする傍ら、土曜日を中心に、鮭のおにぎり弁当を販売している。しかも、ただ鮭だけを具材にしているわけではなく、一から彼女が生み出したレシピによるもの。

その素敵なレシピは『鮭とご飯の組み立て方：鮭の種類・特徴と切り方、焼き方、料理への展開』（誠文堂新光社／２０２１）として絶賛発売中。なんと１００種類ものおにぎりのレシピを紹介している。

おにぎりは、築地のお店とのコラボレーションにより作られているのが特徴で、漬物は○○商店、野菜は××商店というように、おしながきにきちんとその店名が書かれている。

築地愛がこうしたところからも感じられ、うれしくなってしまう私。

そもそも、このおにぎり作りはコロナ禍で築地の市場に来るお客さんがぱたりといなくなった時、「今できることをやってみよう」と思いついて始めたものだそう。レシピを開発し、それをブログに毎日アップし、最終的にはそれを一冊の本にまとめて出版。土曜日には、週替わりで具材の違うおにぎり弁当を販売。感じたら即動く、それがしゃけこさんの人生のセオリーだ。

さらに、築地愛の深い彼女は、17年前からNPO法人築地食のまちづくり協議会の役員も務め、元ライターのスキルを生かしてウェブなどのメディア担当として活躍。築地本願寺の盆踊りや波除神社のお囃子《はやし》、地域の消防団にも参加されている。社長として多忙な中、自身のお店だけではなく地域のことにそこまで関わるのは何故かと聞くと、「だって楽しいじゃない!」。その物言いもまたあまりに屈託なく素直で、こちらが思わず笑顔になってしまうくらいチャーミングなのだ。

彼女の知的好奇心は築地の歴史にも向いており、先述の『築地―鮭屋の小僧が見たこと聞いたこと』の中の「築地市場の語り部たち」という章では日本橋魚河岸の時代のことについても、綿密な取材を重ねている。

日本橋魚河岸の祖と呼ばれる、森孫右衛門等の生涯を綴った歴史小説の著者・石井きんざさんにどうしても話を聞きたいと思ったしゃけこさん。

佃島にきんざさんのご自宅を見つけ、「家の前で夕涼みでもされていたら、偶然を装って話しかけてみたいなと思い、行ったり来たりしてみた」というその行動力と情熱にも心打たれる。

「人はいつか死ぬから、自分が見たこと聞いたことを伝えていくのが大事だと思う」と言うしゃけこさんは、今回私の本の執筆にあたり「今の70代以上、築地を盛り上げてきた人の話をいろいろ聞いてみて！」と軽やかに温かく、私の背中をポンと押してくれた。

築地と運命的な出会いをし、築地を愛し、築地を記してきたしゃけこさんから直々に築地を語ることを託された気持ちで、背筋を正し、私は今この本を書いている。

運が良いと時折出会える、しゃけこさんの鮭おにぎりを食べて、築地愛のエネルギーチャージをしながら。

お店の前を通りがかり、元気に働くしゃけこさんの姿を見るとうれしくなる

切り身ちゃんになったしゃけこさん！　いつもお茶目でチャーミングだ

DATA

昭和食品

住所 東京都中央区築地4−13−14
営業時間 6:00〜15:00
電話 03−3542−1416　休業日 日・祝・市場休市日
創業 1950年頃

中華料理

「毎日仕事してることが若さと元気の秘訣かな」

築地人
その
9

幸軒
佐藤《さとう》あやこさん

築地の好きな場所
ここ（お店）

築地4丁目、多くの卸売店が立ち並ぶ場外市場のど真ん中の「中通り」。人の流れをかき分け、青空を見上げつつ、ビルの3階辺りに出されている赤い看板を捜しながら歩いていなければ、見落としてしまうような場所にそのお店はある。

冷凍食品屋さんとお茶屋さんの間にある薄暗い細い路地を奥まで進むと、右手に赤い看板と昔ながらの引き戸が見える。

『幸軒』――１９５０年創業、築地場外で最も古いラーメン屋さんだ。

ここは市場では働く人にも、外から来られる人にも大変人気のあるお店で、朝の6時からオープンしているがいつもたくさんの人で混み合っている。

厚みのあるチャーシューがのった牛骨ベースのスープのシンプルな醤油ラーメンは昔ながらのお味で食べやすく、週に何度でも食べたくなるのも納得だ。

だが、私のイチオシは、この醤油ラーメンと人気を二分にするもう一つの看板商品である「シュウマイ」だ。まず驚くのはそのボリューム！

一般的なサイズの3倍はあろうかというこぶし大の大きさ、小皿の上にドンと鎮座するその姿からは貫禄と風格がにじみ出る。

ギュッと餡の詰まったシュウマイではなく、ふんわりとやわらかく、粘りが強めの食感は家庭的で、どこかノスタルジーを感じさせる味わい。何もつけず、そのままの味でもおいしい……けれど、ウスターソースをかけるのが幸軒の流儀！　醤油ではなくウスターソースなのだ。ソースのスパイスと中の餡が絶妙なバランスで絡み、醤油よりも主張があるのに親しみやすくて懐かしい、くせになる味とでも言おうか。

築地生まれ・築地育ちのテリー伊藤さんも子供の頃からここのシュウマイが大好きで、他では食べられないこの味を求めて未だに通われているというのは有名な話。TV番組『人生最高レストラン』でも「最高の一品」と紹介されていた。

食の街・築地でお店を営む現社長たちの中でも、幼い頃に両親に連れられて幸軒に通い、ラーメンとシュウマイが思い出の味だという人も少なくない。子供の頃、シュウマイが蒸し上がるそばから、せいろを開けてつまみ食いして怒られた、という微笑ましいエピソードもよく聞く。

いわば築地のソウルフード、築地人にとってのおふくろの味なのだ。

現在、その〝おふくろ〟にあたるのが、三代目店主の佐藤あやこさんだ。

明るく闊達で、テキパキとラーメンの湯切りをしながらシュウマイを蒸し、お客様対応をされるあやこさんの全身からは生命力がみなぎっている。

御年70を過ぎていらっしゃるはずだが、肌には透明感があり、いつ見てもお肌つやつや、ボーイッシュなシルバーヘアがよくお似合いだ。


私が最初にあやこさんの娘さんに取材を打診した際は「お母さんは厳しいから会いたい人にしか会わないんです」と言われドキドキしたものだが、実際にお会いしてみるととてもフレンドリーなお人柄でホッとした。私の築地への情熱を汲み取ってくださったのか、お話が終わると「また来てね！」と屈託ない笑顔を見せてくださった。

連日、常連さんで賑わい、早朝から息つく暇もないあやこさんを支えるため、近所のお店のお兄さんが厨房の手伝いに来て、みんなで切り盛りしている。

それほどまでに、築地になくてはならないお店なのだ。

幸軒は、初代の佐藤幸吉さん（おじいさん）が中華料理のコックさんを連れてきたことから始まっていて、店名の由来も、幸吉さんの名前の字から一文字取っている。

もともとは、紀文さんと同じかまぼこ屋さんだったのが、飲食できる中華料理屋さんを始め、場外で最初のラーメンが誕生した。

そして、いまや看板メニューとなっているシュウマイはというと、あやこさんのご主人である二代目が始めたもの。

今はシュウマイ専用の豚肉を使っているが、もともとは、チャーシュー用豚肉の残り肉をひき肉にして使っていた。「捨ててしまうなら、もったいないから何かできないか」と工夫して、シュウマイにして売り出したら、あっという間に大人気の看板商品になった。

そして、今のシューマイの大きさの秘密は、あやこさんいわく「たくさん食べてほしいから、徐々に大きくなってきた」結果。

「食材を無駄にしたくない」「たくさん食べさせたい」どちらの気持ちも、根底にあるのは愛情だ。

いただく命への愛情、お客様への愛情。通常サイズの3倍ほどの大きさである幸軒のシュウマイには、豚肉、玉ねぎ、そして愛情がたっぷり詰まっている。


毎日夜の10時からシュウマイを作り始めるというあやこさん、その数はなんと300個！　そして毎朝5時には店に行き、6時には開店する。

「どうしてそんなに働けるのですか？」と尋ねると、「稼がないと生きていけないじゃない」笑顔でさらり。

嫁いできてから、ラーメン一筋40年！

「若さの秘密ははなんですか？」と聞くと、「毎日ラーメンを食べてるから」と。

あやこさんは清々しく、迷いがない。

「よく働き、よく遊ぶこと」が人生のモットーだという。

「趣味があるから生きていけるのよ」そういうあやこさんの趣味は？　と聞くと、「ふふ」と笑ってかわされた。

遊びも仕事もバランス良く、仕事も一所懸命、遊びもめいっぱい。


あやこさんはじめ、築地の人たちは皆働き者だが、遊ぶことにも余念がない。

市場は朝が勝負時。朝の開店が早い分、昼すぎには店が終わる。3、40年前の築地は、連日朝から大行列、日本で一番の市場だった。昼には、一万円札が一斗缶からあふれるほど景気が良く、早朝から働いた男性たちは昼には店じまいをして、14時くらいには浴衣に着替え、床屋に行って身支度を整えてから銀座に繰り出したそう。

今はなき銀座の名キャバレー『白いバラ』も、そうした築地の男たちであふれており、仕事終わりには浪曲や三味線を習うなど、芸事に長けた人も多かった。

「遊び」の語源は「明日備」——明日に備えて切り替えるという意味がある。

今は不景気な上にコロナ禍というとても苦しい時代だが、それでもここ築地では「遊び」を大事にする粋な心は失われていないのだ、とあやこさんと話していると感じる。

築地には、年を重ねてもなお、気力&体力ともに充実し、仕事だけでなく遊びもしっかり楽しむ若々しい心意気を持って溌剌と生きている人が本当に多い。

だからこそ私は、日々の仕事や雑事に追われて心の余裕がなくなってしまう時、築地の市場へ足を運ぶ。

人生を充実させてくれるものは何か、そして、人の幸せとは何か、築地で働く人たちの背中が教えてくれるから。

なかなか辿り着くのが難しい上級者向けの路地裏にある、赤い看板が目印

テリー伊藤さんも大絶賛、おかみさんの手づくりシューマイ

DATA

幸軒

住所 東京都中央区築地4-10-5 夕月ビル1F
営業時間 6:00〜13:30（なくなり次第終了）
電話 03-3545-5602 休業日 水曜・日曜・祝日・市場休市日
創業 1950年

COLUMN 3

築地の神社とお祭り

ここでは、築地の氏神様の波除神社の話、そして、お祭りが大好きな築地っ子の姿をお伝えしていきます。

①波除稲荷神社

築地の氏神様といえば、波除さん。

「災難を除け、波を乗り切る波除神社」はパワースポットであり、築地の皆の心の拠り所だ。

江戸時代、海を埋め立てて土地を築く時に、荒ぶる海の中から現れた神様。そのご神体をお祀りする波除神社。この神社のおかげで、幾度の時代の荒波にもまれながらも、築地はずっと守られている。

2018年以前、築地の場内市場があった時には、早朝から長靴姿の市場の人が参拝されているのをよく目にした。出勤前、仕事終わり、市場の入口にある神社は、こうして何十年も人々に寄り添い、市場を見守り続けている。

今も築地の人たちは、波除神社を崇敬し、神社のお祭りを大切にしているのがよく分かる。

海の幸、山の幸を扱う市場の人たちは特に、毎日お天道様、八百万の神様に感謝しながら商売をしている。大漁豊作を祈願し、自然の恵みに感謝し、日々命を扱う。常に祈りと感謝の繰り返しで、いつも神様が身近にいる。

波除神社には、玉子塚、海老塚、すし塚、活魚塚、といった供養塚がずらりと並んでいるのも特徴だ。それぞれの組合が寄贈したものだが、食べることは命をいただくこと。万物の命に敬意を払いながら商いを続けていくことが、築地の強さ、そして街の繁栄に繋がっている。

②波除神社の獅子祭

波除神社の境内に入ると目を引く大きな獅子頭。本殿向かって右側に雄の黒獅子（天井獅子）、左側に雌の赤獅子（お歯黒獅子）。今やもう手に入らない大木でできていて重さは1トンを超える。例年6月に行われる「つきじ獅子祭」では、この獅子頭が街を練り歩くのだから、その様は大迫力だ。普段は神社の境内に鎮座している獅子様が、お祭りの時だけご巡行される。

宮出しされる瞬間は、何とも言えない緊張感に包まれる。

江戸っ子の血が騒ぐのか、築地の人たちはとにかくお祭りが大好きだ。

町会ごとに半纏を揃える。一年に一度、神様をお迎えするので、皆お祭りに命をかけていると言っても過言ではない。親子代々、三世代でお神輿を担いでいる家もある。

私も以前お歯黒獅子を担がせていただいた。150人がかりで「わっしょいわっしょい」と息を合わせて一歩ずつ進む時のエネルギーの高揚感は、思い出すたびに胸が熱くなる。わっしょい＝和を背負うということ。毎年の祭りを通して、築地の人たちはこうして一丸となっていくのだなぁ。

この大きな獅子頭を担ぐようになったのは、実は今から20数年前。現小波会会長の松江さんが「江戸時代の祭りを復興させよう」と音頭を取って復活させたそうだ。やると決めたらやる！松江さんの知恵とパワーは誠にお見事だ。

お祭りに欠かせないお囃子は「多々幸会」の方々。芸達者な重鎮の皆様、最長老は菅商店の菅隆志さん（98才！）。鳥藤の会長さんや、昭和食品のしゃけこさんもメンバーだ。

波除神社のおかげで、お祭りや行事が自然と生活の一部になっている。お正月、桃の節句、獅子祭、新嘗祭、酉の市……築地では毎月伝統文化に触れる機会があるのが楽しい。

③築地本願寺の盆踊り大会

築地で有名な夏の行事といえば築地地本願寺納涼盆踊り大会があげられる。

「日本一おいしい盆踊り」として有名だ。

規模も大きく、東京都三大盆踊りの1つとも言われる（築地本願寺、靖國神社、大江戸祭り）。

「日本一おいしい」理由は、築地場外市場の名店が並ぶ出店のクオリティの高さだ。毎年この時だけ食べられる特別メニューも多数。たとえば、『きつねや』のホルモン煮込み（通常のお店ではごはんとセットの丼もののみ）、『近江屋牛肉店』のサイコロステーキ（通常は、店頭で焼き立てテイクアウトはやっていない）など、1年ごしのラブコール（予約待ち）も！

昨年、3年ぶりに再開された時には、人数制限付きだったが、境内に大きな櫓《やぐら》が現れた瞬間、「どうやったら参加できるのか」と近隣住民の話題になった。それほど築地の年中行事として楽しみにされているのである。

大江戸助六太鼓の生演奏に合わせて、櫓を囲んで大きな輪ができあがっていく光景は圧巻だ。会が盛り上がるにつれて、二重三重の輪になっていく。初心者でも、曲を知らなくても大丈夫。みんなで輪になって踊ることに価値がある。

以前、鵜飼さん（P．182）は盆踊り大会でDJもされていて、いい声の海苔屋さんの本領を発揮されていた。

踊り疲れたら、築地の名店の逸品を頬ばり、ビールを飲む。築地本願寺の境内も自由に使える。こんなオープンな環境を提供してくださる築地本願寺さん、万歳！　躍って満足、見て満足、食べて満足の行事です。

三帖

CHAPTER 3

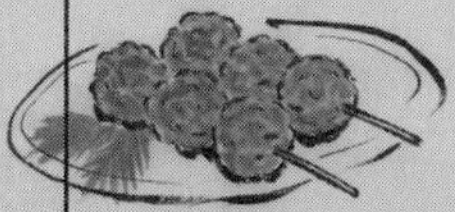

築地を導く男たち

精肉店

「築地の底力を見せてやろうぜ！」

築地人
その
10

近江屋牛肉店
寺《てら》出《で》昌《まさ》弘《ひろ》さん

築地の好きな場所
波除神社・築地本願寺

築地には、まもなく創業100年を迎える老舗のお肉屋さんがある。その名は、『近江屋牛肉店』。屋号にもなっている三大和牛の「近江牛」をはじめ、和牛、国産牛、三元豚、ラム肉、さらにはワニの手（！）まで、牛肉に限らずあらゆる精肉を取り扱う。

寺出昌弘社長は、私にとって、築地への扉を開いてくれた恩人である。近江屋の三代目として、先代から引き継いだ牛肉店を守り、発展させてきた経営者であるだけでなく、築地の街づくりにも大きく貢献している。2018年の築地場内市場移転後の変わりゆく築地において、460店舗が集まる築地場外市場の振興組合を牽引する存在だ。社長と話をしていると、肉の話をしていたはずが、いつしか築地の街全体の話に繋がるほど築地愛に満ちあふれているので、まさしく「築地のリーダー」だ。

寺出社長との出会いは2017年頃、私は人に出会うたびに「築地っていいところだよ〜」と築地愛を語っていた。そんなある時、「そんなに築地が好きなら築地のこの人に会わなきゃ」と教えてくれる方がいた。近々その人がお話をされる機会があるという。私は迷わず、経営者が集まるという朝の講話会に参加した。

寺出社長は、100名を超えるオーディエンスを前に、「前へ、前へ」という演題で経営者としての極意をお話しされる体格も人格も立派な方だった。明治大学出身で、名門明大ラグビー部の北島監督の「前へ」という名言を引き合いに、ご自身の人生も経営も、困難な時こそ前へ、と乗り越えてきたという。

幼い頃は引っ込み思案のシャイな少年で、心配したご両親に築地本願寺でのボーイスカウトに入れられてから、強い男の子になった、という話は印象的だった。

講演後に名刺交換をさせていただいた時には、大社長を前に緊張した。けれども、築地のことを知りたかった私にとっては、人生が変わる出会いになった。


ほぼ毎週土曜日は築地に通い、友達を案内していたある日。横断歩道ですれ違いざまに「おはようございます、おつかれさまです！」と元気な声をかけられた。

なんと、あの寺出社長だった。私がよく界隈に出没するので、築地のお店で働く人だと思われていたらしい。何はともあれ、雲の上の人から声をかけられ、天にも昇る気持ちだった。

それまでの私は、築地に通ってはいたものの、市場で買い出しはハードルが高かった。お店が所狭しと並んでいて、どこで何を買ったら良いか分からない。飲食店のプロのお客さんが多い中、一般人が買い物をしたら怒られそう。忙しそうでお店の人に声をかけられない……まずは見るだけ、ずっとそう思っていたのだが、寺出社長は気さくに「一人前からでもどうぞ」と声をかけてくださった。そこから初めて、私は老舗のお肉屋さんに向かう勇気が持てた（いい大人なのに、はじめてのおつかいとは！）。

近江屋さんのお肉は、どれも本当においしい。デパ地下で見たら目が飛び出る値段の近江牛、絶対手が届かないと思っていたのに、築地では卸売ならではの価格で手に入る喜びを知った。肉選びで困っていると「今日のイチオシはこちら」「このお肉はシチュー向き」「ステーキにするなら、焼き加減はこうすれば……」と、短時間のやりとりで適切なアドバイスをしてくださる。これが築地の楽しさだ。
各店がそれぞれのメキキ（専門家）なので、聞けば聞くほど、よいもの（適切なもの）を手に入れることができる。自分にあったサイズ、価格帯の商品を提案してくださる安心感。これはスーパーでは味わえない醍醐味だ。

私は社長のおかげで、「築地の歩き方」を知った。例えば、すきやき肉を買った後に「野菜は？」と聞くと「藤本商店に行ってごらん」とアドバイスをいただき、「わりしたは？」と聞けば「北島商店さん」といった具合に、数珠つなぎに店情報を教えてくださる。今、私が築地のお店を開拓できているのは、寺出社長のおかげで、こうした築地の歩き方を知ることができたからだ。

おかげで、知り合いが築地に来た時は、最高に楽しい買い出しツアーを開催できるようになった。近江屋さんのローストビーフを紹介すると、一度食べれば皆ファンになる。気づけば、私の周りには築地ファンがどんどん増えていった。ある時、寺出社長に築地ツアーを催していただいた時は、グルメでお目が高い港区マダムたちも大喜びだった。「築地最高！」と、以後何度も足を運んでくださった。築地が持つポテンシャルの高さは間違いない、ととても誇らしかった。

徐々に私も、単なる築地住民から、お店のこと、市場のこと、街のことに関心を持つようになり、「築地ＴＯＤＡＹ」という名前で発信活動を始めた。ある日、「これからの築地について」と資料を作って、寺出社長にプレゼンをした。社長は、食のまちづくり協議会（ＮＰＯ）の幹部であり、築地の大御所と若手を繋げる役割を担う。そんな方に「話を聞いてください！」と直談判する自分の度胸にびっくりする。だが更にびっくりなのは、私の話を真摯に聞いてくださった寺出社長の懐の大きさだった。

そして、「築地のために、一緒にがんばっていこう」「築地の底力を見せてやろうぜ！」と声をかけてくださったのだ。

そこから、私は築地でイベントを企画するたびに社長に相談し、アドバイスと人脈を授かってきた。築地本願寺での和太鼓イベントの開催や、「月１スナックつきじ」では、お肉とお酒を楽しむ会で多大なるご協力をいただいている。

青年時代に築地のイベント部長だったという社長のアイデアと起動力は絶大。築地のドン『山長』の松江さん（Ｐ．１２０）とお話できたのも、全て寺出社長のおかげだ。

２０２０年、コロナの蔓延で世の中の流れが急激に変わり、築地の市場も大きな打撃を受けた。連日、人だかりができていた近江屋さんでさえ、店の前から人が消え、市場にお客さん不在の日々が続いた。東京の台所である市場にとって、外出自粛、飲食店休業の影響は、とても大きかった。どのお店も、「今日も閑古鳥が鳴いてるねぇ」

と、笑って暇自慢をしていたという。
近江屋さんも、対面販売を得意とし、多くの有名飲食店や個人の買い出し人から信頼され支持を受けていたので、店頭に人が来ない時は大変な苦境に立たされた
そんな中でも、前を向いていこう！　と次々と策を手掛ける寺出社長の姿は、暗く落ち込んだ築地の街を明るく照らす存在となった。築地場外の「お取り寄せ市場」というサイトでネット販売を充実させたり、新商品・新ブランドを立ち上げたり、「今できること」を形にすることに尽力。ＴＳＵＫＩＪＩ　ＤＥＬＩというブランドでは築地の各店舗とのコラボレーション商品を開発し、２０２０年８月には、本店の隣に「ロースト肉工房」を立ち上げ、家庭ですぐに食べられるローストビーフ、燻製肉、焼き豚やお弁当を販売するお店をオープン。いまや「四丁目ローストビーフ」としてすっかりおなじみになり、ＴＶ番組からの取材もひっきりなしの人気商品だ。
コロナ禍での新店舗のオープンや、新業態（生肉だけでなくテイクアウトできる肉を提供）のチャレンジは、常に「前へ！」と進む社長の思いが形になっているが、実は自社だけでなく、築地の底力を信じ、盛り上げていこう、という気持ちがベースにある。伝統を守りつつ、広い視野で新しいことにチャレンジしていくマインドが街を

元気にする。ステイホーム時期の500円弁当の販売や、歌舞伎座、銀座のドン・キホーテとのタイアップも、「まずやってみようぜ」の精神から生まれて話題になった。

そんな寺出社長は、1964年築地生まれ築地育ちの生粋の築地っ子だ。肉屋に生まれたが、肉屋なんて大嫌い、と思って育ったそうだ（意外なことに！）。大学卒業後、スーパー「株式会社いなげや」に入社し、販売や流通の知識を吸収し、二代目のお父様からバトンタッチされる形で、家業である株式会社近江屋牛肉店を継ぐ。

「近江屋牛肉店三代目として日本の台所築地にてその受け継がれた商いの心を今に伝えるべく、よりいっそうの真心を込めて、肉一筋に商売をさせていただいております」とHPにある通り、正真正銘の肉のメキキだ。カリスマ性とリーダーシップを持つ寺出社長、いなげやの中でも頭角を現されていたはずだが、家業を継ぐと決めたからには、やりとげる男。「お客様のおいしかったが私たちの元気の源です」という先代の言葉を店に掲げ、ただ肉を売るだけでなく、お客様に付加価値を与える商売をしようと努力を重ねる。もちろんはじめは手探りで肉を売っていたそうだが、ある時ふと気づいたそうだ。「近江屋牛肉店なのに、近江牛を売っていない」という事実に。

二代目の時代は、流通の問題や、世の中のニーズを考えての経営判断により、近江牛の扱いがなくなったのだ。けれども、ご自身が50才の時にお父様が亡くなったのをきっかけに、自分のルーツを確認しようと戸籍を取り寄せ、初代のお祖父様の出生地を調べ家系図を作ったのだ。それが、「滋賀県蒲生郡山の上」というまさに近江牛発祥の地だったことに感銘を受け、「近江牛をもう一度やるんだ！」と決意。近江屋三代目として、「近江牛を世界に広めることが自分の使命だ」と創業者の理念を思い出してスイッチが入ったという。

「買い手よし、売り手よし、世間よし」の「三方よし」を大切にする近江商人の血、日本最古の和牛である近江牛を滋賀から東京に持ってきた初代の思いを知るべく、それから近江にたびたび足を運び、自分のルーツをたどる旅に出る。そして、近江牛を扱うなら、「この人が育てた肉を食べたい！」という生産者に出会い、現在は、大切に育てられた近江牛の一頭買いも手掛けている。
滋賀県で代々続く中川畜産の八代目、中川晶成さんこそが、そのパートナーである。中川さんのお肉は、滋賀でもなかなか手に入らないという。通常牛舎で押し込められている牛は人間に懐かないが、ここの牛たちは愛情たっぷりに育てられているので、人が来たら寄ってくるそうだ。私も寺出社長からのご縁で、実際に農場にお邪魔させていただいたところ、噂通りどの牛も人懐っこく、とても可愛い目をしていた。

ここの牛たちはのびのびとした環境下で滋賀のおいしい水を飲んで育っているので、幸せホルモンで満たされている。ストレスがない肉は脂がとける融点が低く、口の中でとろけるような美味しさが生まれるそうだ。

私は可愛い牛を目の前に、「ごめんね、でも大切な命を分け与えてくれてありがとう。大事にいただきます」と命の重みを感じてぐっときた。日々食を通して命をいただいている人間として、忘れてはいけない命の尊さに、あらためて気づかされた。日本一の中川さんの貴重な近江牛を築地で買うことができるのは、すべて寺出社長の力量だ。

寺出社長はまた、自分の店だけでなく、築地全体を盛り上げる街づくりにも日々奮闘されている。店の商品の仕入れから、販促活動、ＳＮＳ投稿、取材対応、時にはＹｏｕｔｕｂｅｒ、休日にはあえての「ソロキャンプ」となんでもこなす。毎日店頭に立つ美人奥様への感謝も忘れない。忙しい日々の中でも、お正月や酉の市などでは、お二人で仲良く波除神社に参拝される光景もほほえましい。

市場の内外で顔が広い社長ゆえ、常に動きまわってお忙しい方だが、たまにかけてくださる一言一言が心に響く。

数年前、私の母が急に体調を崩し、実家と病院の行き来で築地にほとんど行けなくなってしまった時があった。数か月後、一時は生死をさまよった母の容態が安定し、ようやくほっとできるようになったことを報告したところ、すぐに寺出社長から連絡をいただいた。「築地にぱったり来なくなったから心配してたよ。お母さんよかったね。早く築地に戻っておいで」と。

渦中ではそっと見守って余計なことは言わず、心のどこかで気にかけてくださっていたことがうれしかった。早く築地に戻りたい、と思った。商売を抜きにしても、人と人とが繋がっている、築地はそういう江戸っ子の人情を感じる温かいところだ。

今の寺出社長のチャレンジは、外国人のお客様にもＷＡＧＹＵのすばらしさを伝えていくこと。近江牛を皮切りに、日本の和牛を世界に広める。近江商人として、築地のメキキ＝築技《つきわざ》の第一人者として、創業１００年に向けての社長の取り組みから、ますます目が離せない。

寺出社長は、近江牛に会いに、年に数回、滋賀県まで足を運んでいる

晴海通りから場外市場東通りを入ると見えてくる、赤いテントのお店は大人気。これはおいしいよ！と出してくださるお肉のクオリティの高さが半端ない

DATA

近江屋牛肉店

住所 東京都中央区築地4-14-1モンテベルデ築地104号
営業時間 6:00〜15:00
電話 03-3541-7398 休業日 日曜・祝日・市場休市日
創業 1926年

玉子焼

「暖簾に守られていることにおごってはいけない」

築地人
その
11

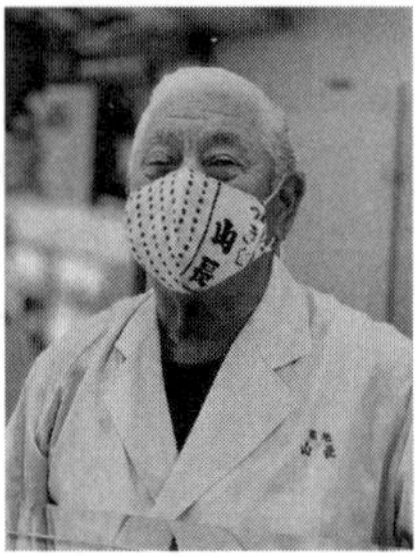

築地山長《やまちょう》
松《まつ》江《え》研《けん》一《いち》さん

築地の好きな場所
波除神社

「築地で食べたいものといえば？」

こう尋ねると、「玉子焼！」と答える人も多い。一度食べたら忘れられない、できたてホカホカの玉子焼。

テリー伊藤さんのご実家「丸武」も有名だが、築地四丁目の場外市場の角で、ひときわ行列で賑わっていて明るい黄色のテントのお店が「山長」さん。そしてこの店の目玉が「串玉」。職人さんが目の前で焼く玉子焼をその場で食べられるので大人気だ。

近くには玉子焼屋がひしめき、今や食べ比べのメッカになっている「玉子焼通り」において、串に刺して手軽に食べられる玉子焼を築地で一番はじめに手がけたのが、山長二代目・松江研一さんだ。

松江さんは、ご自身のことを「ただの玉子焼屋の隠居」と仰るが、なかなかどうして、とんでもない。全くもって、ただの隠居にあらず。

現在は山長の会長であり、築地のお祭りを取り仕切る重鎮だ。
・築地波除神社　小波会会長（*祭りの守護団体、氏子会）
・築地本願寺納涼盆踊り大会　奉賛会　副会長

・築地七丁目　町会長

さらには、無類の釣り好きで、鯛釣りの名人（?!）であり、実は易者としての顔も持つ。以前はロータススーパーセブンという英国製の車を乗りこなし、サーキットをかっ飛ばしていた。そして、寝る前には5冊の本に目を通す……等々、とんでもなく多才で面白いお方なのだ。

いや、面白いなんて言ったら恐れ多い、右に出るもののない築地の大ボスだ。人をまとめる力があって、実行力があって、70才を過ぎた今も、エネルギーに満ちあふれている。

これだけのカリスマ性のある江戸っ子だ。若かりし頃は、もっと血気盛んだったに違いない。

現在は松江さんと仲良しの近江屋牛肉店の寺出社長いわく、「昔は名前なんて全然覚えてもらえなくて、『おい肉屋！』と呼ばれてた」そうだ。

いかにも松江さんらしい、目に浮かぶ光景である。築地本願寺のナンバー2である東森さんに対しても、就任時には「何なんだお前はよぉ～　ばかやろう！」から始まったというし、松江さん伝説は数知れず。（ちなに、松江さんの「ばかやろう」は最高の愛情表現だ。）

貫禄ある存在なのに、近所のナッツ・ドライフルーツ屋の田村商店さんをはじめ、若手から「けんちゃん」と呼ばれているあたり、愛されキャラなのが伺える。


「まずいものなんか、出せるか！」というチャキチャキの江戸っ子の松江さん。当然、山長の玉子焼も、長年築地で愛されてきているこだわりの味。その特徴は、まず厳選された素材、契約養鶏場から毎朝届く産地直送の朝採り卵。ひとつひとつ確かめてから手割して使っている。

そして、出汁が利いている。鰹節のみで採った出汁に、砂糖、塩、本直し（甘みの強いみりんに焼酎を混ぜたもの）を加えただけのシンプルな鰹出汁。化学調味料、旨味調味料は一切使用していない。

これらの素材を使って、職人さんが一本一本丁寧に焼き上げている。昔ながらの手作り製法だ。

「機械では出せない季節や天候、ちょっとした火加減など人の感性でしか感じ取れない隠し味が潜んでいます」とお店のＨＰにあるが、まさにこれがおいしさの極意だろう。絶妙な焼き加減の玉子焼には、季節感や旬が感じられる。

このこだわりの玉子焼（串玉）を、いつでも店頭で食べられるのは幸せだ。１５０円以上の価値がある。

店頭で食べる時には、焼き立てほやほやの玉子焼きと、ちょっと冷やした玉子焼と2種類から選べる。

はじめは、焼き立てがオススメだが、通が選ぶのは冷たいバージョン。一晩寝かせて味が染みているので、さらに出汁のジューシー感を楽しめるのだ。

持ち帰り用のシンプルな玉子焼も、通常（甘い方）と甘さ控えめ（甘くない方）、2種類ある。通常の甘い方はおやつ感覚で食べられる、いわゆるお寿司屋さんで食べる玉子焼。

甘くない方は食事やお酒にも合う。私がお土産を買う時には、相手の顔を思い浮かべながらチョイスする。

蟹肉、海老、穴子、ねぎ、あさり、帆立などの具材入りの味比べもオススメだ。中でも、実山椒入りは風味が程よく、ピリリとした大人の味ということで、呑み助さん達にも大人気。

食通の方が通う築地の隠れ家ワインショップ「Mali's Wine Cellar」のオーナーも絶賛の逸品だ。


山長さんは、築地七丁目で昭和の創業当時から、寿司屋、料理屋専門に玉子焼を納めていたが、２００９年９月から築地場外市場内（四丁目）に店を構え、一般のお客様にも買いやすい食べきりサイズを展開し、今や築地名物、「山長の玉子焼」として国内外の人に親しまれている。

「築地はおいしくて当たり前。本物を決めるのはお客様。いいものを誠実に適正な値段で売る。己を高めることで良いものを提供する。それを地道に続けていくこと」と商売の極意を教えてくださった。

有言実行の松江さんだからこその痺れる言葉だ。


もともとは先祖代々、佃島の出身だったのが、松江さんが幼い頃に築地へ移り住み、築地本願寺を遊び場にして育ったという。佃島といえば、築地から隅田川を渡った対岸、今でも佃煮屋が並ぶ情緒豊かな場所で、築地本願寺と深いご縁がある。

ゆえに、佃や築地の街の歴史にも詳しく、お祭りのことも魚河岸のことも、なんでも聞けば教えてくださる、そんな生き字引的な存在なのが松江さんだ。

松江さんから聞く江戸っ子談義はとてもおもしろい。

「江戸っ子は五月《さつき》の鯉の吹き流し」ということわざを教えてもらった。

「口先ばかりではらわたはなし」と続く川柳が元になるそうだが、かつての江戸っ子のきっぷを表した文句で、口では荒っぽいことを言っていても腹の中はさっぱりしているという意味。

半面、口先の威勢のよさに反して胆力がないことを表す。口は悪いが悪気はない、江戸っ子のきっぷのよさが伝わってくる。

「江戸っ子は、見栄と世間体とはったり」が大事という。

その場で張るんだったらとことん張れよ、中途半端はカッコ悪いという江戸っ子の価値観がよく表れた言葉だ。

「粋といなせの違い」は、「粋」は意気から転じた言葉で、江戸時代に生まれた日本の美意識のひとつ。気性・態度・身なりがあか抜けしていて、自然な色気の感じられること。

「いなせ」は、鯔背。「鯔《いな》」とは、ボラの幼魚の呼び名であり、江戸時代に日本橋の魚河岸で働いていた者達のマゲがその背びれに似ていたために、魚河岸の若者らしく、威勢がよく、きっぷの良い様を指していた。

ゆえに「男なら、粋でなくっちゃ」という松江さん。

店頭での白衣姿もお似合いだが、オフタイムは、水色のシャツにサスペンダー、蝶ネクタイにハットをかぶって登場されるので、とにかくお洒落で目を引く。もちろん、小波会の浴衣姿も半纏姿も様になる。

「世の中、男と女しかいないんだからさ」という言葉にも、含蓄がある。

いくつになっても、男と女を意識して、格好いい男と可愛い女でいることは、家庭円満、ひいては世界平和の源ではないかと私は思う。

粋は意気。

自分の心がけ次第で、いくつになっても輝ける。当たり前のようで忘れがちな人間の本質部分を、一言でずばりと教えてくれる。

江戸っ子らしい人情があって粋な松江さんは、当然ファンが多くモテモテだが、早くに亡くなった奥様を愛し続けて再婚はしなかったという愛情深い方だ。

40代で男やもめになってからも娘3人を育てあげ、毎日早朝から仕事という環境でも、夜ご飯は皆で食べ、淋しい思いをさせなかったというのだから、本当にご立派だ。

やることは徹底的にやる、その豪快さと底力が松江さんの魅力だ。

2009年、伝説の「築地350年祭」。海を埋め立て350年前に誕生した築地を祝い、築地本願寺で行われたイベント。

「350人で築地巻きずしに挑戦」に参加する子供や大人、観光客など約3000人が集まり、盛り上がりを見せた。

「築地350年、ギネスに挑戦!!」と気勢を上げ、このイベントを仕掛けたのが松江さんだった。

350年前は海だったところを、佃島の門徒たちが中心になって埋め立て、作られた土地。海から町ができたのだから、俺たちも何かやろうぜ、と築地３５０実行委員会が生まれた。

「前例のない３５０メートルの海苔巻き」の実現のために、悪戦苦闘した男たち。

その中心人物が、山長の松江さん、近江屋の寺出社長（Ｐ．１０８）、ＮＰＯ事務局長の鹿川さん（Ｐ．１６１）だった。

毎晩集まって、酒を飲み交わしながら喧々諤々《けんけんがくがく》の議論を続けていくうちに、町内会、市場、ＮＰＯ、築地本願寺と、今までバラバラだったものがどんどん一つになっていった。結果的に３５０メートルは場所的に難しいという苦渋の決断から、３５０人の子供を集めて築地本願寺の境内で１６０メートルの海苔巻きを作ることになり、無事成功して大歓喜があがった時の話は何度聞いても感動する。

仕事も遊びも祭りも家庭も、いつだって全力投球。

なぜこんなに元気なのかを探ってみると、答えは「子供の頃と変わらない好奇心」にあった。

「なんでもやってみる、なんでも聞いて、なんでも食べてみる」

「偏見を持たずに自分で確かめてみる」

「すぐに迎合せず、芯を持ちながら、いい塩梅のポイントを見つける」

「老舗の暖簾に守られていることにおごってはいけない」

「良いモノを伝えるには、凝り固まった考えではだめ」

「行動力を持つことが時代の流れを読むことに繋がる」

と、珠玉の言葉がどんどん出てくる（ご本人は、俺は口から出まかせだからな、と仰るところがまた粋だ）。


松江さんを見ていると、常に時代を作っている人だと感じる。築地の大ボス、伝説のドン。玉子焼屋の隠居は、ただの隠居にあらず。生粋の江戸っ子であり、一筋に玉子焼屋をやり続けてきた松江さんだからの審美眼。

私は松江さんの話を聞くたびに、商売人・経営者としての極意、男と女の在り方、ひいては人の生きる道を自然と教えられている。「そんなんじゃ抱いてやらないぞ！」と豪快に笑って言われる一言が、「もっといい女になろう！」と私に活を入れてくれる。

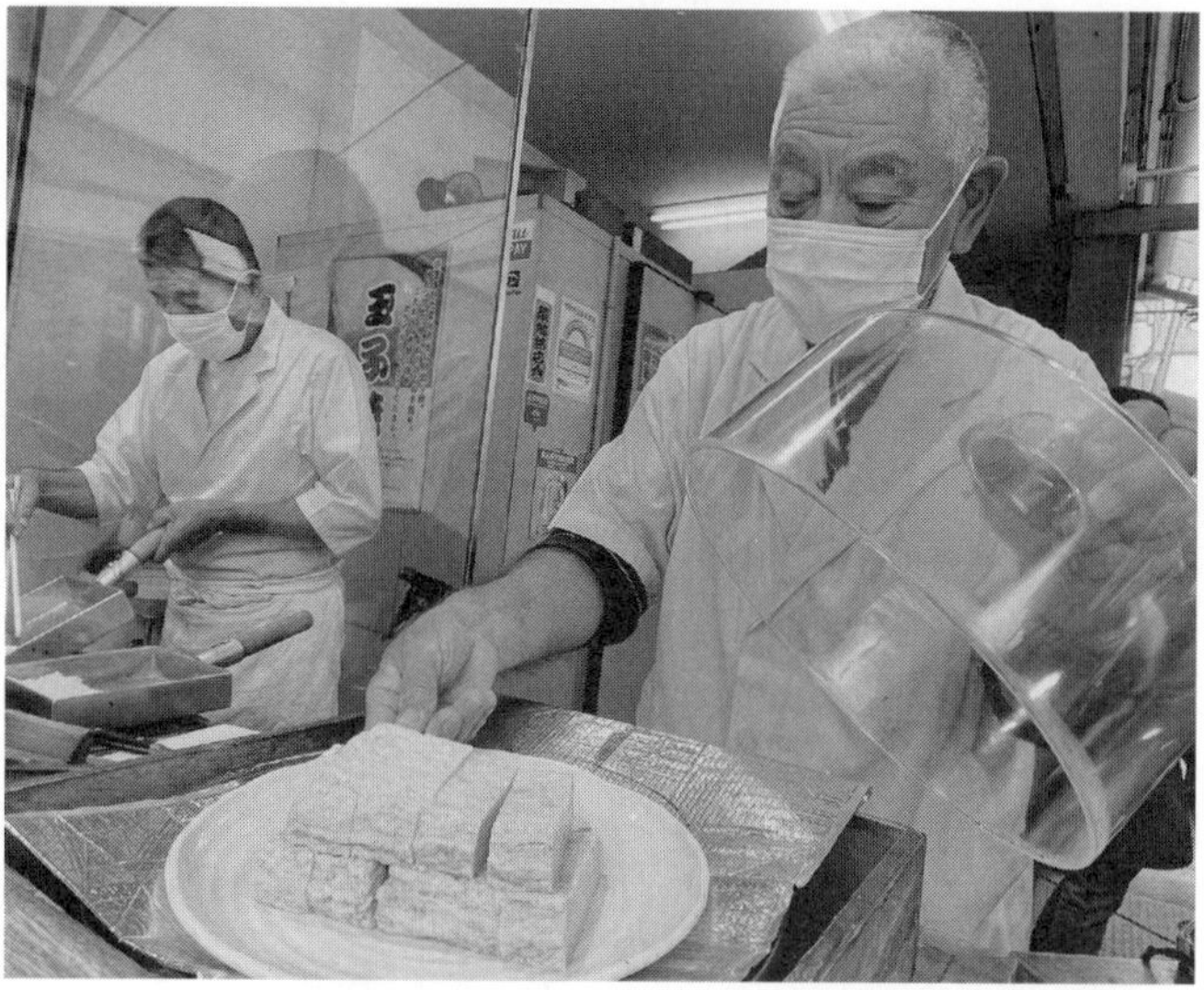

黄色いテントの山長さんの店前は、できたての「串玉」を求めるお客で毎日すごい行列だ

松江さんといえば小波会、波除神社のお祭りの大将！神輿を担ぐと輪が一つになる

DATA

築地山長

住所 東京都中央区築地4-10-10
営業時間 6:00〜15:00
電話 03-3248-6002　休業日 お正月4日間
創業 1949年

昆布専門卸問屋

「常に目の前の人を大事にするだけ」

築地人
その
12

吹田商店
吹《すい》田《た》勝《かつ》良《よし》さん

築地の好きな場所
築地の良さは他にない風情

築地四丁目の交差点から晴海通りを勝どき方面に歩いていると、視界に飛び込んでくるレトロモダンな立派な建物。そのビルの壁面にあしらわれた「こんぶ問屋」の大きな文字。交差点の角に建つ大きなビルの一階が『吹田商店』だ。

昭和2年からこの場所に建ち、平成19年に建て替える際にも、街の人からの要望により外観も店名の看板も昔からのものと変わらない形で作り直されている。吹田商店は築地のランドマークでもあるからだ。

プロの料理人向けの由緒正しき昆布問屋ではあるが、店内には家庭でも使いやすい小分けの単位での商品も、所せましと並んでいる。塩昆布や家庭用の出汁昆布、それにふがしや昆布あめ。どこか駄菓子屋っぽさもあり、懐かしい気持ちになる、そんなお店だ。

私は、この本の執筆を始める前、築地の数あるお店でどなたにお話を伺ったら良いのかを築地の方々に尋ね歩いたのだが、「吹田くん」という推薦のお声が本当に多かった。当時の私には、吹田商店というと料理のプロのための老舗という印象で、本音を言うと敷居が高いお店だったが、「取材の登竜門なのだ！」と思い切りアポイントを取らせていただいた。

そして実際にお会いしてお話をさせてもらった今、吹田商店の五代目社長&日本昆布協会副会長の吹田勝良さんの印象はというと、愛にあふれた頼れるリーダーだ。困っているとサッと助けてくれて、名乗らずにスマートに去っていくタイガーマスクのようなヒーローのイメージ。


明治25年創業の吹田商店は、実は大阪発祥のお店である。関西は、京の都と共に発展し、言わずと知れた出汁文化の土地。

洋食文化も根付いていない明治の頃、どんな料理でも昆布が必要だったために昆布問屋は重宝されていた。当時、まだ発展途上だった関東の食文化を関西から来た人にも美味しく食べてもらえるようにするため、料亭の人たちはお抱えの料理長を西から連れてきたという。その中の一人が、あの魯山人であった。

明確な記録がある訳ではないが、同時期に、東京へ昆布を卸すために大阪から上京してきたのが吹田商店なのだそう。

そうした日本料理の核となる出汁文化の担い手といっても過言ではない老舗の5代

目だが、吹田さんは気取ったところを感じない。

自分の店のことばかりでなく、出汁文化のことも、築地の街のことも大きな視点で捉え「観光客やインバウンドの人たちにも、良い買い物の仕方をお伝えするのも僕たちの責任だ」と話す吹田さんは、昆布問屋としての知識を世の中に伝えていくことにも力を入れている。

コロナ以前は、店頭でも出汁講座や料理教室を開き、コロナ以降も「昆布セミナー」を築地場外の魚河岸スタジオで定期的に開催している。さらに、小学校で「昆布食育教室」なども積極的に行っているそうだ。

「知らないのはもったいない！」「教える責任があるから」。自分の店の利益だけを追求していれば絶対に出てこないであろう言葉たちだ。

そのくせ、「俺、頑張りたくないからできることしかしないよ」と笑って言うのだから、粋である。

また、吹田さんは、社長のご身分であるにもかかわらず、自ら昆布の産地へ足を運び、実際に現場を見て生産者さんと話すことを欠かさない人である。

買ったものを卸すだけの売買取引としてではなく、自分の目でちゃんと見たいという理由なのが吹田さんらしさ。そのスタンスが生産者の方々からも信頼される所以だろう。

「語る場所があると生産者のモチベーションにも繋がるから」と吹田さんは語る。昆布の卸問屋という立場を超えた、生産者と消費者を繋ぐ役割から第6次産業を支えているという自負がある。ＡＩが発達して顔が見えない流通が増えた時代だからこそ、人と人の繋がりを大事にしていることが吹田さんの言葉の端々から感じられ人を惹きつけてやまない。


「喋るのはタダだよ」「原価かからないんだから、お客さんが聞いてくれたら喋ったらいい」「対話が大事」。

そうした社長のポリシーに習い、吹田商店の店員さんも「この産地の昆布はこう使う」「どういうとこで作られている」ということをよくお話ししてくれる。

話すからこそ、お客さんが必要なものを理解して提供することができるというのが吹田さんの信念だ。

私がこのお店から感じる懐かしさは、昔ながらの買い物の仕方——人との対話を大切にしているところから感じるのかもしれない。

人と話し、人と交わる。それが吹田流・商いの極意なのだ。


「お店に来たら、なんでも店員に聞いたらいいんだよ」

築地という土地が持つブランド力に、お客様が来てくれる有難さをいつも感じているという吹田さんは優しい口調でこう話す。

「問屋と思うと敷居の高いイメージがあるかもしれないけれど逆だよ。築地はその店ごとにプロがいるんだから聞かないと。昆布の産地まで聞ける店ってそうそうないでしょ? 知らないこと知れたら楽しいし、『今日何がおいしい?』とかそんなことでもいいんだからさ」と、築地の一等地に大きな店舗を構える老舗の社長だというのに、なんというオープンマインド!

吹田さんの言葉を聞いていると、自分の思い込みで敷居の高さを感じるような場所でも、本当はもっと開かれていて、懐に入っていけるような場所は他にもあるのかもしれないと気づかされる。それはお店に限らず、人間関係においても、きっと同じだ。

吹田さんはいつも周囲を観察されていて、その人に合ったものを提案したいと考えている。常にフォーカスを当てる先は、目の前のお客様であり、「人」なのだ。

「常に目の前の人を大事にするだけ」と、相手がプロの料理人でも一般のお客さんでも、対話をすることで相手が本当に求めているものは何かを感じ取り、売り方を変えればいいという。

築地市場にある他の出汁屋さんから、コロナ禍で「店を畳もうと思っている」という相談を持ちかけられた際には「あなたの店がなくなったらみんなが困るんだよ」と話をされたそう。出汁屋さんがひとつなくなるだけで、そこに通っていた料亭さんが、今までと同じ味の料理を提供できなくなる。楽しみにしていたお客さんが離れていってしまう。あなたの存在はたくさんの人々に必要とされているんだよ、とお話しされたところ、お店を存続されることになったのだとか。

築地の街の人たちから「吹田くん、吹田くん」と慕われ、頼られるのはこうやって大きな愛を惜しみなく分け与えることのできる人だからなのだ。

こう言うと、きっと「そんなカッコいいもんじゃないから」と照れるのだろうけど。

銀座から晴海通りを歩いてくると右側に見えてくる築地の場外のシンボル的建物

料亭から一般の家庭まで、用途に合わせて買いやすいパッケージがうれしい

DATA

吹田商店

住所 東京都中央区築地4-11-1
営業時間 6:00～14:00
電話 03-3541-6931　休業日 日曜・祝日・市場休市日
創業 1892年

佃煮・煮豆

「利とは人の役に立つということ」

築地人 その13

江戸一飯田
飯田《いいだ》一雅《かずまさ》さん

築地の好きな場所
波除神社

「お客さん、こんにちは！　今日はこちらの佃煮がおすすめだよ」

そのお店の前を通ると、いつも明るく威勢の良い声で話しかけられる。

築地には、「大人の駄菓子屋」と呼ばれる楽しいお店がある。築地場外市場の東通りの中ほどにある「江戸一飯田」という佃煮屋さん。大人の駄菓子屋と呼ばれる由来は、佃煮をはじめとした商品の種類がとても多いこと！

1回分のごはん&おつまみとして丁度良いサイズに小分けされた佃煮はもちろん、杏子《あんず》の甘煮や、黒豆、ピーナッツ菓子など、しょっぱいものも、辛いものも、甘いものもなんでも揃う。佃煮も種類が豊富なので、ごはんのお供にも、お酒のアテにもピッタリだ。

江戸好きの私としては、『江戸一』という名前も魅力的。その名の通り、店内には、江戸の粋を感じるアイテムがたくさん並んでいる。

まずは、提灯。「江戸一」「大入」「築地みやげ」「築地銘店会」などと、縁起の良い江戸文字で書かれた提灯は、眺めているだけで心が躍る。この提灯は、「のれん・提灯・手ぬぐい」の専門店、築地の津多屋商店さん（P．22）が作られたものだ。江戸文字のかっこよさを思う存分味わえるカラフルな提灯は、お祭りを彷彿とさせ気分が上がる。

さらに、このお店へ訪れたら是非見ていただきたいのが、「絵びら」。大きなシルクスクリーンに印刷された美しい絵と文字が描かれており、こちらも、津多屋さんに依頼して作られた特別なもの。

今では、街で見かけることもなくなった絵びらだが、昭和初期あたりまでは、築地でもそれ以外の場所でもよく見られたお祝いの絵びららしく、お店の新規開店の時、今は店先に大きな花輪がずらりと並ぶが、かつては絵びらを送るのが習わしだったそうで、美しい絵びらが店頭に所狭しと貼ってあったら、間違いなく商売繁盛の証！

江戸一さんに飾られる古い写真には、大正3年の開店当初、絵びらでお店が華やいでいた光景がばっちり写っていた。それを見た今の四代目社長である一雅さんが、「これを今に再現できないか」と津多屋さんに相談し、もともとは大きな紙に書かれていた絵をシルクスクリーンに印刷することで、現代版の絵びらが再現されたそう。

これは、二人の社長さんのアイデアと、「良いものを残したい」という熱い思いが生んだコラボ作品である。

江戸一さんのお店には、美しい絵びらが何枚か飾られているが、一番の大作は、中央に大きく「雅」と書かれたもの。海原を進む七福神を乗せた船。それを照らす太陽。よく見ると、朱色の文字で「波除上る景気にてるや福聚海」と書かれている。

絵びらは、お祝い事に使う縁起物だが、絵も文字も、ひとつひとつ見ていると、奥が深くて、すべてに意味があって、おめでたく華やいだ気持ちになれる。この絵びらを見るだけで元気が出るので、私は江戸一さんに通うのが好きだ。

中央に書かれた「雅」という文字は、「みやび」であり四代目の「一雅」社長のお名前の文字でもある。世界に一枚しかないこの絵びら。復活させた社長さんのセンスのよさが光っている。


それもそのはず、現在50代後半の一雅さんの経歴やバックグラウンドを聞くとなるほど納得。1998年に家業である江戸一飯田に入社する前は、大手広告代理店で働かれていたそう。広告代理店時代は、セールスプロモーション局から営業局へ。「形のないものもあるものも、手に取るまでの一歩を創る」というマーケティングのプロフェッショナル。チームを持って、最前線でバリバリ働かれた後、アメリカ・シアトルに渡り活躍され、築地の家業に戻ってこられる……と、どこまでもかっこいい。前職で培ったセンスや経験、グローバルな視点が、今の江戸一さんのお店づくりに生かされているのは間違いない。言うなれば、築地の数あるお店の中でもセンスのよさがピカイチだ！
商品を入れる袋には、つられて思わず笑ってしまうような笑顔のえびす様の絵。真っ赤なビニール製の袋にも、表に「江戸一」、裏に「えびす様」が描かれていて、街で見たらすぐに「築地・江戸一」と分かる。インパクトがあり可愛いデザインに、私も築地土産として、江戸一さんの佃煮をお渡しすることが多い。

築地で唯一自社工場製造の佃煮のおいしさはもちろん、江戸一さんの店頭には、招き猫や、額に入ったおしゃれな手ぬぐい、暖簾などの縁起物が多数飾られているのも特徴だ。外国人の方々が見ても分かるように、英語での商品案内もあり、さりげなく随所に心遣いが見られる。たとえ日本語が分からない方でも、縁起物が飾られた店内の雰囲気からおめでたい気分になり、ビジュアルの美しさで、購買意欲を掻き立てられる。買い物をすると運気が上がるお店だと個人的に思っている。

さて、華々しい広告代理店時代から、築地での家業へ転身され、社長になられたのが2006年。「就任当初は戸惑いませんでしたか?」と伺うと、「どんな仕事でも、やった分だけ結果が出てくる。それは代理店でも江戸一でも同じ」とのこと。

「やるからには、一番を目指す。初めは小さいところからちょっとずつ。小さいところからやっていくと、やった分だけ成長する。それはサーフィンの波乗りと同じ」

そう、飯田社長は、海の男だ。ヨット、サーフィン、ウインドサーフィン。慶応義塾大学の学生時代は、ボードセーリング部の主将。

ウインドサーフィンを極め、ワールドカップ、オリンピックエキシビジョン選考、世界選手権に日本代表として選手生活を送った。

現在も、休日は奥様と海遊びを楽しむ。ゆえにか、社長のお顔は、いつもこんがりと小麦色に焼けている。

「海図って知っていますか?」と聞かれ、私は「船乗りさんが使う地図ですよね、見たことはある程度ですが……」と答えたところ、「海図は見るものじゃなく、作っていくものです」と教えてくださった。ウインドサーフィンをする時、海図を作って、どうやって進むかを決めるそうだ。風も、潮の満ち引きも自然のもの。そこに、統計的な知識があるだけでは立ち行かない。そこで大切なのは、機転や咄嗟の判断力。海を極めた男だからこそ「リサーチもセンスも大事」というお言葉に説得力がある。

「やるからには一番上」「やったものしかわからない」「どれだけやってきたかで結果が変わってくる」。それは、趣味も仕事も同じと言う。

大自然相手の競技スポーツの世界を見てこられた飯田さんだからこそ、やった分だけ成長できることを知っている。努力をして一番になれなかったとしたら、相手は自分よりも時間をかけてやってきた、もしくは密度が濃かったからだ、と分析する。それが社長の根底にあるぶれない冷静さだ。

慶応中等部から慶応大学へと進学されたエリートな社長。小さい時から努力家だったのか、と聞いてみると、小学生の時から空手をはじめ、ずっとスポーツをされていたそうだ。先代であるお父様はアイスホッケーをされていて、寡黙で強い人だったとのことなので、スポーツマンシップが受け継がれているのだろう。

経営者であり、築地のまちづくりのリーダーでもある社長は、朝から午後まで店を営み、夕方から夜は、まちづくりの打ち合わせ。仕事もまちづくりも、全力投球で日々東奔西走されている。

「築地のまちの食文化、市場文化を継承していきたい」。

市場の移転、物流システムなど、社会環境が変わる中、築地場外市場の役割は何かを日々考え続けている。今動かなければなくなってしまうものがあるからこそ、今が大事、と本気でまちづくりに携わられている。長老からの意見を聞き、築地の若い衆と膝を突き合わせながら、恐らく最も活動的な世代が現在50代の社長の世代ではないだろうか。


ハードな日々をお過ごしかと思うのだが、自分がどこに役に立つかを考えて好きなことを企画するのは楽しい、と仰る笑顔は清々しい。

まちづくりも、人を育てるのも、一朝一夕ではない。成長するために、底力を上げていく。社長の「まちづくり」の中には、対外的なものだけでなく、対内的な視点も含まれている。

来る人も、働いている人も満足度が高い築地市場。「この街で働きたい！」という人たちをもっと増やしていきたいから、市場で働く人たちへの福利厚生を考えるのも、まちづくりの仕事だという。

築地市場の目の前にある国立がんセンター。医者や看護師さん、患者さんも市場へよくいらっしゃるが、理由を尋ねてみると「市場に来ると、元気がもらえるから」だそうだ。

掘り出しもの、おいしいものを見つけた！　食べたら笑顔になった！　お店の人の熱意に触れた！　そういった「活気のキャッチボール」があるのが築地の特徴。だからこそ、お店で働いている人に元気で、いつも笑顔でいてほしい、というのがリーダーである社長の願い。どんなに経営が苦しい時でも、上を向いて笑い飛ばすことができたら、築地市場全体が活気づいていくこと、間違いない。

江戸一飯田の社訓は「利を上げる」。「利」とは、利益の利。それは、お金の余剰（もうけ）というだけの意味ではない。

「利とは人の役に立つということ」と社長は言う。

お店の場合、一円も多く利益を上げることで、社員に利益分配し、還元し、生活を豊かにできる。お金はあくまでも手段であって、ゴールではない。

社会的に言えば、原材料を無駄にしないものづくり、社員の環境づくり。社員一人一人が少しでも利を重ねることができたら、ひいてはお客様の利に繋がる。

会社の行動指針は、「お客様の役に立つこと。食を通じて豊かになること」。目の前のお客様が佃煮を買って喜ばれた先に、自分ができることは何か、を社員一人ひとりに考えさせ、「利を追求するためには、自分を高めることが大事」と伝え続けている。言葉遣いや立ち振る舞いを整えることも徹底し、「我が強くならないように」押し付けることは次に繋がらない。それを一番実践しているのが社長自身だ。

ここで一つエピソード。江戸一さんの店頭に並ぶ商品に添えられたポップや商品案内は、全部手作りだそうだ。キャッチコピーも絵も写真も。実は、社員それぞれが考えて作っているので、一見すると、全体の統一感はない。

各々が作ってきたものを、社長が却下することはなく、全部採用されるそうだ。個性豊かな人格を認め合うことで、モチベーションを上げていこう、という社長の計らいがある。それぞれが「利を上げる」ためにがんばっていることを応援する、それが人を育てる社長の立場だ。

街づくりも、店づくりも、「利を上げる」ことを真剣に考えていたら、世のため人のために繋がっていくのだと、あらためて気づかされた。
江戸一＝江戸で一番、ということは日本一、ということは世界一！（江戸時代の日本といえば、世界でもっとも発展した世界一の大都市だった）
かつての、築地市場（場内）は、大きさも取引量も働く人も、世界一の市場であり、市場文化を共有してきた現在の築地場外市場も、間違いなく、世界一誇りのある市場だ。世界を見てきた飯田社長のような方がいれば、これからも築地は安泰だ、と強く思う。

江戸一の名前が入った提灯や手ぬぐいが飾られ、江戸情緒たっぷりの店内。自家製造の佃煮は数が豊富で、まさに大人の駄菓子屋だ

絵びらの「雅」と
一雅社長

DATA

江戸一飯田

住所 東京都中央区築地4-13-4
営業時間 8:30〜14:00
電話 03-3543-5225　休業日 日曜・祝日・市場休市日
創業 1914年

鶏肉卸販売

「時代に合った商売をする」

築地人 その 14

鳥藤《とりとう》

鈴木《すずき》章夫《あきお》さん（会長）＆昌樹《まさき》さん（社長）

築地の好きな場所

年末の市場らしい街並み
築地の氏神 波除神社

築地で鶏肉といえばここ、鳥藤さん。明治40年創業、鶏肉の卸販売をはじめ、今では場外市場の親子丼のお店や、とりそばスタンドなど鶏肉にまつわる事業を手広く経営されている大手の老舗企業だ。築地で「会長さん」といえば鳥藤3代目の鈴木章夫さんのことを指す。築地市場で働く人達は皆当然のように彼のことを知っている著名人だ。

章夫さんは、築地食のまちづくり協議会前理事長相談役であり、築地場外の460店舗を束ねる築地場外市場商店街振興組合理事長であり、東京都食鳥肉販売業生活衛生同業組合理事長……その他肩書は数知れず、築地における「街づくりの顔」と言える人なのだ。

米本珈琲本店（P．60）のマスターとも仲良しで、毎朝7時に来てモーニングを食べている章夫さん。マスターは、会長さんのことを「章夫ちゃん」と呼んでいることからも、昔からの仲の良さが伝わってくる。そのよしみで、私は鳥藤さんの定休日である水曜日の朝に、米本珈琲で会長さんにお話を伺わせていただくというスペシャルな時間をいただいた。

70代の章夫さんはいつお会いしてもとても明るく元気で、自ら積極的に動く方というイメージ。店頭では白衣姿だが、普段着の時は、チェックのシャツやベストを着ていらして、とてもおしゃれ。もともと、スキーやサーフィンもたしなみ、今でも休日はジムに通うスポーツマンだ。

常に新しい発想を生み出し、時代の変化を読みながら築地のことを考えていらっしゃる方だ。戦後の復興から市場が再び立ち上がる当時、「築地の場外市場として団結していこう！」とまとめてこられたのが章夫さんの先代。

築地場内市場が豊洲へ移転するとなった際にも、場外市場がひとつにまとまって築地を守ろう、と街の一体化を進めていかれた。その結果、章夫さんが会長を務めるNPO法人築地食のまちづくり協議会を中心に、場外市場の公式サイトや、初めて築地へ訪れた人にも分かりやすい案内マップができていき、より築地を訪れる人の間口を広げることに貢献されている。

もともと築地の市場は業者向けの街として発展していったが、今は観光客や一般の買い物客にも向けて、市場で買い物がしやすいようにお店の情報を提供し、外に向けて発信していく内容を整備していく必要があるというのが、今の築地の人たちの多くの意見だ。

そんな、外から築地へ来る人も、いつも築地で働かれている中の人も、皆が快適に過ごすためのルールづくりを積極的に行っているのが章夫さんをはじめとするＮＰＯの方々である。

例えば、今現在の築地市場では、「食べ歩き」禁止（店内や店舗前で立ち止まって食べるのはＯＫ）、値切らない、商品の写真を撮る際は一声かける、などのルールがあり、公式サイトで発信されている。ルールを知らないから排除するのではなく、知らないなら伝えていこう、という前向きな姿勢がかっこいい。

いつも私がお会いする時の章夫さんは、築地にまつわる戦前のあれこれから未来の展望までをお話ししてくださる。多くの肩書を持つ章夫さん、あちこちの会合で忙しいはずが、鳥藤の店頭にいらっしゃることもあり、会長さんなのに、店先で自ら焼き鳥マシンをくるくる回すという気取りのなさ。

章夫さんは、「時代に合った商売をする」ということを来る日も来る日も考えているという。それこそが、鳥藤さんがみんなの心を離さない秘訣だと思う。コロナ禍で売上が上がらず大変な状況でも創意工夫を忘れず、四代目の昌樹さんと共に、ラーメンセットや親子丼セットなど、店に来なくても食べられる通信販売での商品開発に力を入れ、オンライン販売での充実化をはかり、『築地さらしなの里』『長生庵』のような地元の名店とのコラボも積極的に行われている。

その他にも、コロナ禍では500円弁当を打ち出し、ドン・キホーテ銀座店にて、築地のお弁当フェアを企画するなど、数々のアイディアを実現。老舗の看板に甘んじず、新たな一手を打つことにひるまない。その一方で、昔からの飲食店とのお付き合いも大事にされている。

私の好きな焼き鳥店の一つに東京・京橋に本店を構える『伊勢廣』がある。赤坂見附で勤務していた時は、ランチタイムに伊勢廣ニューオータニ店へ足しげく通っていたのだが、そこで使われているのもこの鳥藤さんのお肉だと後に知ったときは驚いた。伊勢廣さんの有名なつくね（軟骨入り）をはじめとして、食材に関して常に連携をとり、意思の疎通を図っている。

他にも東京・銀座の焼鳥屋『鳥繁』や東京・日本橋の洋食屋『たいめいけん』など都内の老舗飲食店にも多数卸されており、有名店のほとんどは鳥藤が支えているのではないか、と私は思っている。しかも、それぞれが、先代からの長いお付き合いといいうことなので驚きだ。

築地を知り尽くしている章夫さんは、築地の未来に対しての考えも深く、次世代の築地を支えるホープたちの新たなチャレンジにも寛容だ。

そんな次世代の代表格が、息子の昌樹さんで、鳥藤の四代目社長である。もともとラーメンが大好きで、本業の鶏肉屋さんと並行して、おいしいラーメンの味を日々探求されている。鶏肉に合う麺を探し、自らスープを編み出し、プロデュースし、生まれたのが築地魚河岸3階のフードコートにある新業態「とりそばスタンド」なのだ。

息子とはぶつかることも多い、という章夫さん。つくねひとつ作るにも、章夫さんは軟骨入りの昔ながらの歯ごたえあるつくね、昌樹さんはフワッと甘め。当然、仕事の進め方にしてもそれぞれに思うところがある。

だが、昌樹さんが「親父の背中」を見て育ち、父親を尊敬しているのは、彼がまちづくりにも、新しい鳥藤の展開にも尽力していることからよく分かる。

最近、築地以外のあちこちでも鳥藤の名前を見かけることが増えた。こうした幅広い展開も、昌樹さんの新しい目線や柔軟なアイディア、マーケティング力と、章夫さんの老舗であっても挑戦し続ける開拓者精神が組み合わさってのことなのだろう。

話は少し変わるが、章夫さんは波除神社のお祭りの責任者も務められており、鼓や笛など芸事にも長けている。築地を代表する伝統的な祭りである「築地獅子祭」で活躍するお囃子隊、その名も「多々幸会《たたこうかい》」では、長年奏者として自身もプレイヤーとして活躍される傍ら、後進の指導にも余念がない。築地では、その昔、正月や新店が開店される時など、おめでたいことがある度に獅子舞を踊って皆で一緒にお祝いしていたという。地域の人を巻き込んで築地を盛り上げていたエピソードから、リーダーとしての素質が窺える。

祭りの語源は、まつりごと(政治)。いずれの分野においても素晴らしいリーダーシップを発揮されている章夫さんの勇姿に、築地の街を創ってきて下さったことへの感謝の気持ちと、改めて私自身も、築地を支えて下さってきた方々の生きざまを次世代へ伝えていく使命感を抱いたのだった。築地には、息子の昌樹さんのような次世代のリーダーがいる！　未来は明るい！

築地本願寺の「日本一おいしい盆踊り大会」での出店での一コマ。鳥藤の焼き鳥や、鳥そばが一度に食べられる特別な日。章夫さん、昌樹さん親子は、共に地域を盛り上げるリーダーで、実は仲良し

息子の昌樹さんが手掛ける鳥そばスタンドのラーメンは、築地魚河岸3Fで食べられる

DATA

鳥藤

住所　東京都中央区築地4-10-18
営業時間　6:00〜14:00
電話　03-3541-2545　休業日　日曜・祝日・市場休日
創業　1907年

COLUMN 4

築地の仲間たち

築地には、築地を愛する仲間たちがたくさんいる。書き切れないほどだが、この場をお借りして、少しだけ素敵な仲間たちを紹介したい。Instagramからも見られるのでぜひ！

吉田商店

吉田博明社長

（アロハシャツの魚屋さん）

以前、お昼に中華料理屋・幸軒に行くと、厨房内できびきびと動くお兄さんがいらした。聞くと本業は、なんと魚屋さんだった！　早朝は自身の店で魚を売り、10時からは、幸軒のランチタイムを手伝う二毛作！　皆で支え合う、大家族のような文化がある築地を地でいく人だと感じた（2023年2月現在は、魚屋さん一本に戻られている）。

吉田商店を訪ねると、アロハシャツ&長靴で出迎えてくれる。学生時代から海が大好きで、千葉や湘南へサーフィンに通っていたそう。以前は東京湾クルージングのイベント企画を手掛け、今もヨットを楽しむ海の男。

ある日の昼下がり、近所の仲間が「今から帰り？」と声をかけると「これから床屋だ。帰ってシャワー浴びて来ないと」と一言。「床屋行くにも、魚臭くちゃ失礼だろ？」と笑う吉田社長の台詞を、たまたま傍で聞いていた私は、「これぞ江戸っ子！　粋な男はこうでなくっちゃ！」と感激した。

生粋の築地っ子で、店頭で築地の変遷を見守ってきた吉田社長、実は68才。還暦過ぎているとは到底思えない、肌艶のよさ！！

「よく働きよく遊び」を体現し、古き良き築地を語ってくれる、レジェンドだ。

NPO法人 築地食のまちづくり協議会

事務局長 鹿川賢吾さん

(築地LOVEの大先輩!)

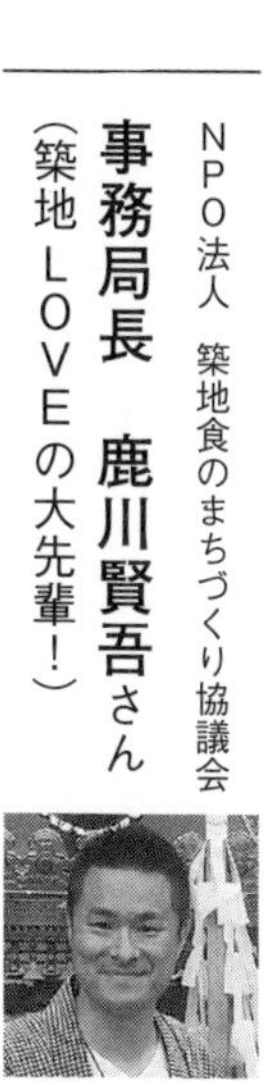

賢吾君とのご縁は、本当に不思議だ。

学生時代、サンディエゴに短期留学をしていた時に知り合った。広いアメリカ、同じ時期に留学をする日本人もたくさんいた中で、たまたまホームステイエリアが近く、仲良くなった4人のうちの1人だった。

日本に帰ってきてからも、たまに会う存在だったが、社会人になって数年後、賢吾君から「築地で働き始めた」と聞いて驚いた。エリートサラリーマンから転身。出身地でもない築地で、何の仕事をするのか、私は見当もつかなかった。

それから数年後、引っ越し先を探していた時、「賢吾君に聞いてみよう!」と相談すると、「築地はとても住みやすいよ」とお墨付きをもらい、築地への引っ越しを決める押しの一手となった。賢吾君ファミリーが近所なら安心、という気持ちもあった。そのおかげで、今は同じ築地に住んでいるのだから、人生は本当に不思議だ。

そして、私も築地のことが好きになり、築地場外市場の400店舗以上を束ねるNPO法人の事務局長として、日々街づくりに貢献している賢吾君の仕事の重要さを目の当たりにして、とても心強く頼もしい存在だと感じた。

2018年、ちょうど市場移転のタイミング。これから変化していく築地の今を伝えていきたいと思い、できることはないか相談してみると、「遠慮しないで、どんどんやっていったらいいよ」と応援してくれた。この時もまた、後押しをしてくれたことで、「(自称)日本一築地を愛する女」と言える今の私がある。気づけば20年来の友達。今では築地の大先輩として、尊敬し、感謝している。

女流墨絵アーティスト
蓮水《れんすい》さん

RENSUI.ART

蓮水さんとの出会いも、かれこれ10年近く前になる。

もともとは銀座でネイリストをされている時にお世話になり、施術中に話をしながらお互いに日本文化が好きなことから意気投合した。

幼少より書を学び、その活動範囲も幅広い。書道は武田双雲さん、水墨画は小林東雲さん、仮名書家は渡辺貴彦さんと、名だたる先生方に師事されている。

書とネイルアートを組み合わせたオリジナルアートは、とてもクリエイティブで魅力的だ。初めて見た瞬間、この才能は、絶対に世界に通用する！！　と惚れ込んで、築地や銀座の飲食店にご紹介したところ、オリジナルアートを作ってほしいと続々とご依頼をいただいた。私が所属する和太鼓チームの衣装の絵も手掛けてくださった。また、和文化体験の場「築地アカデメイア」の講座では、誰でも描けるように水墨画の手ほどきをくださり、老若男女、誰もが水墨画の世界に引き込まれていった。

いつしかネイリストからアーティストとしての活動が増え、今や世界中にファンを持つ女流墨絵アーティストさんに！　ラジオやＴＶにも出て大活躍だが、いつも変わらないスタンスで接してくださる素敵な女性だ。

築地の本を出すにあたり、蓮水さんに絵をお願いしたい！　と無理を承知でお願いしたところ、快く受けてくださった。墨絵で描かれたアイコンは、全て今回のための特別描き下ろし！　蓮水アートのファンの私としては、共同作業がうれしく誇らしく、心より感謝している。

蓮水さんの日々の活動はＹｏｕＴｕｂｅやＩｎｓｔａｇｒａｍから見られるのでぜひ！

四帖

CHAPTER 4

築地の名物＆シンボル

日本茶専門店

「一杯のお茶を丁寧に、一人一人に向き合う」

築地人
その
15

うおがし銘茶　茶の実倶楽部
大橋《おおはし》健介《けんすけ》さん

築地の好きな場所
晴海通りから眺める朝焼けの勝鬨橋

〝あなたとわたし　お茶のみともだち〟

これは、築地の人がみんな大好きなお茶屋さん、茶の実倶楽部さんのウェブサイトに掲げられたキャッチコピーだ。このコピー通り、つい立ち寄ってそこにいるお客様と話をしたくなってしまう、そんな日本茶専門店が茶の実倶楽部である。

築地のあちこちのお寿司屋さんでもこちらのお茶が使われているのをはじめ、全国のお寿司屋さん、天ぷら屋さんなどからも評価が高く、誰もが知る銀座の超一流のあの名店でもこちらのオリジナルのお茶が選ばれている……というのは秘密の話。

茶の実倶楽部さんを訪れると、いつもおいしいお茶を振舞ってくれる。大きな茶壷に季節の枝木が生けられている気持ちの良い店内に足を踏み入れると、まず店員さんの「いらっしゃいませ、お茶一杯いかがですか？」の優しい声がかかる。

普段はお茶を飲まない人をお茶好きに変える魔法の呪文のようだ。

店頭で扱っているお茶の仕上がりは、すべて社長さんがこだわりを持ってチェックしているそうで、こうした見えない努力がお客様の心を掴んで離さない秘訣だと思う。

お茶を通して皆に幸せになってもらいたい、とお客のひとりひとりを大事にする姿勢が魅力的だ。

守るところは守りながら、パッケージ等の魅せ方は時代とともに刷新。うおがし銘茶オリジナルのお茶は、味のおいしさもさることながら「にゅう」「しゃん」「とてしゃん」「茶ＣＨＡ」など、名前も可愛くてパッケージもお洒落。有名イラストレーターの和田誠さんが手掛けるシリーズもあるが、それをアピールしていないところも、気取りがなくて親しみやすい。


コロナ前には「茶遊会」というお茶を楽しむイベントが毎月開催されており、私が築地ツアーを企画する際にも必ずプログラムに組み込んでいた。

茶の実倶楽部の５階建ての自社ビルそれぞれのフロアごとに趣向を凝らし、数種類のお茶を飲み比べつつ、各階を巡る。同じお茶でも産地、種類、蒸し方が違えば味が違う。それぞれのお茶に合わせて厳選されたお茶菓子を味わえたり、茶器を眺めたりと様々な角度からお茶の飲み比べを楽しめる。また、天井の高い気持ちが良い５Ｆの空間では、書道家、画家などのアーティストの作品展示など、幅広く感性をくすぐられる企画が行われていた。

お茶請けのお菓子にもこだわり、茶遊会のために、店員さんが全国のお菓子をリサーチし、わざわざ地方から取り寄せていることもあった。ここで供された鳥取県のお菓子屋さん『和菓子悠』の花筏《はないかだ》が気に入って、私も取り寄せたこともある。お茶請けになるのは甘いものだけではなく、築地の吉岡屋さんのお漬物という日もあって、新鮮だった。

和菓子好きで、実は日本茶アンバサダーの資格を取得している私にとっては、こうしたお茶とお菓子のペアリング（新たな出会い）は、とても刺激的で勉強になった。

店長の大橋さんは、『うおがし銘茶』に勤務して12年、うち銀座の店舗を経由してから築地の茶の実倶楽部で5年ほど勤務されており、お茶の知識は深く広い。（2023年1月に異動になり、現在は築地場外市場本店で勤務されている）

お茶の淹れ方、器の選び方など、いつもお茶の新しい魅力を提案してくれる方だ。その柔らかな物腰とスマートなルックスもあいまって、私は密かに彼のことを「お茶プリンス」と名付けている。

もともと大橋さんは、ご実家でうおがし銘茶の「にゅう」というお茶を愛飲していており、そこにご縁を感じて入社されたという。

普段は口数が多い方ではなく、無駄なことは話さない印象だが、お茶のこと、築地のことになると雄弁。「お茶が好き、食べるのが好き」「築地で働き始めたら、築地が大好きになりました」という点で、私も意気投合した。


私が以前、津多屋さん（P．22）の江戸文字を入れたオリジナルの枡を作り、ご挨拶代わりにお渡ししたら、それを今もお店のショップカード入れとして使ってくれている。そういう点が、人情深い人だなあと感じる。お客さん一人一人との関係性を大事にされているお店の精神が大橋さんからも伝わってくる。

「お茶を買いに来てくれた近所の人にお茶を提供すると、自然と話をするようになる、そんな時間が楽しい。昔の築地の話なんかも色々と教えてくれるので、知らないうちに詳しくなりました」と大橋さん。

築地の良さについて、こう話す。

「築地の街自体はどんどん変わっていくけれど、それでも歴史の連続性を感じられる場所があるんですよね。そこが面白いなと思います。

それに、築地の人ってほんとに地元が好きで、プライドを持ちながらお互いを支え合う関係性がすごく良い。商品にもこだわりがあるから、ちゃんと自信を持って売れるものを適正価格で売る。値段は安くはないかもしれないけど、それに見合った価値のあるものだと思います。働き始めてそういうことが分かってきて、じわじわ築地の街を好きになっちゃいました。

銀座はよそ行きの街だけれど、築地は地元の人も多いし、付き合いが深くなるお客様も多い。それぞれの人の個性がよく分かるのが面白いんです」

こんなふうにお茶だけでなく人間にも興味と愛を向ける大橋店長のお人柄で、またお客様がお茶を飲みにやってこられる。

話は変わるが、関西を中心に活躍している「きものやん」という着物で演奏する二人組の音楽ユニットがある。ずっと東京で音楽活動ができる場所を探していたのだが、茶の実倶楽部の雰囲気とぴったりだと感じご紹介させていただいたところ、彼らの音源をすぐに聞いてくださった大橋店長。場所の活用を提案してくださり、2023年5月には、初めての音楽ライブの話が進んだ。お茶と音を楽しむ時間、私も今から楽しみである。

茶遊会をはじめ、茶の実倶楽部さんにはただお茶を販売するというだけではなく、お茶を通してアートや文化を繋げる場の役割があり、会社自体が、文化事業や人を大事にしているのだろうなと感じる。

日々大勢訪れるお客様の話をきちんと覚えていて、人とのコミュニケーションを大事にしている大橋さん。いろいろな人と話し、知識を仕入れ、また伝えていく大橋さんがいることで、茶の実倶楽部は、情報交換の場としても機能しているように思う。


私が大橋さんに築地でオススメのお店を聞いたところ、快く教えてくださった。例えば、中華料理屋の紅蘭さん。某有名ホテル出身のご主人が手掛ける料理は絶品である。他にも、豆屋の三栄商会さん、茶遊会でも使っていた吉岡屋さんの奈良漬け、常陸屋さんの（隠れた逸品）天日干しの海苔などなど……。

どのお店の話をする時も大橋さんは本当にうれしそうで楽しそうだ。

「お茶」も「食」も「人」も好きな大橋さんと、「お茶のみともだち」になることで、私の人生における幸せがまたひとつ増えたことは間違いない。

店先にはお茶の木の鉢植えが置いてあり、思わず覗いてみたくなる日本茶専門店

まずは1階。ほっと一息、落ち着ける空間が広がっている

DATA

うおがし銘茶 茶の実倶楽部

住所 東京都中央区築地2-11-12
営業時間 10:00〜18:00
電話 03-3542-2336
休業日 土曜・日曜・祝日
(2023年は4月最終週、5月、12月は、日曜日のみ休業)

雑穀・豆

「ご縁をまじめに大事にする」

築地人
その
16

山福商店
清《せい》宮《みや》健《けん》一《いち》郎《ろう》さん

築地の好きな場所

津多屋、昔の本願寺、聖路加、浜離宮、
波除神社、勝どきの渡し、佃の渡し

津多屋商店の加藤木さんのお店に出入りしていると、次々と面白い人たちに出会う。その中の一人がけんちゃんおじさん。加藤木大介さんが子供の頃から、お店に出入りしていたことから、「けんちゃん」と呼んで、仲良くしてもらっていたそうだ。けんちゃんおじさんの正体は、築地場外市場にある『山福』という豆屋さん。配達中のバイク姿を街でたまに見かける。

もしくは、津多屋商店さんの店先でお茶をしているところにばったり遭遇する。津多屋さんには、けんちゃんおじさん専用のコーヒーカップが置いてある。

私も、いつも津多屋さんに行くたびに、日本茶を御馳走になっているのだが、おかみさんが淹れてくれるお茶はとてもおいしい（お茶は、P．164うおがし銘茶さんの「にゅう」、私が淹れるのより格段においしいのだ）。

私がたまに津多屋さんに足を運ぶタイミングで、けんちゃんおじさんに出会う確率が高いということは、けんちゃんの出没頻度が私よりも多いことは間違いない。もしくは、タイミング良く出会えるのだから、相性が良いとも言える。

津多屋さんのおかげで知り合ったけんちゃんおじさん。豆の専門家だが、神事や仏事にも詳しく、話の幅が広くて面白い。まるで「福の神」のような人だ。

数年前の築地の波除神社のお祭りの時のこと。私も初めて御神輿を担がせてもらった後に、津多屋さんでの直会《なおらい》（神道の儀式の一種で、お供物やお神酒をいただくこと。お祭りの後の打上げ）に参加させていただいた。

そこには、加藤木さんの娘さんとそのお友達を含む、10名近くの人が集まっていたのだが、そこにバイクで乗り付けたけんちゃんおじさん登場！「お寿司持ってきたよ〜」と大きな寿司桶を三つも携えて！

暑い中、御神輿を担いで汗を流した後のご褒美。握りたてのお寿司のおいしさが身に染みた。しかも、豪華な寿司桶！　お祭り以上に血が騒いだ。

加藤木一家の皆さんと近所の方々が集って、お寿司を囲む風景は、なんともいえない幸せな光景だった。もちろんすぐにお寿司がなくなったことはご想像の通り。

お寿司で身も心も満たされた頃、けんちゃんおじさんが、さっと割りばしでおみくじを作り始めた。当たりくじを引いた人には、秘蔵の「波除神社の大吉おみくじ（お守りつき）」をくださるという。見事私も大当たり！　そのラッキーを引き寄せることができた。

そんな風に、いつも縁起物を携えていて、さりげなく、みんなに福を授けてくれるけんちゃんおじさん。

津多屋さんには、毎年、金色の大きな「目出鯛《めでたい》」が運びこまれる。お正月の波除神社で数匹だけ登場する特別版の縁起物。

赤い鯛は普段も目にするが、金の鯛は本当に希少。実は、けんちゃんおじさんが、波除神社に特別に作ってもらっているとか。

「高崎の業者に頼んで波除神社に納めてもらうんだけど、年々原料がなくなって困っちゃうんだよ」と伝統工芸の存続も気にかけている。

波除神社に納められた金の鯛は、けんちゃんおじさんが釣りあげて、津多屋さんをはじめとして、ご縁のある場所に届けられる。

実は、この金色の鯛、東北のとある場所でも有名らしい。場所は山形県米沢市、小野小町の郷と言われる小野川温泉の先にある「甲子《きのえね》大黒天本山《だいこくてんほんざん》」。真言密教の修験道、出羽三山の山伏が集まるお寺。

若い頃に友達に紹介されて45年以上、年に数回、例大祭、節分祭、さくらんぼの季節、と通っているそうだが、ご縁を感じたけんちゃんおじさんは、毎年あの金の鯛を大黒天さんに寄贈されているらしい。

11月の例大祭で行われる恒例のくじ引き大会では、この縁起の良い金の鯛を求めて、全国から人が殺到するという。実際に、数年前の山形テレビのニュース動画では、金の鯛を受け取って喜ぶ女性の姿が！　あ、あの金の鯛だ！！

けんちゃんおじさんは10年以上、金の鯛の奉納を続けているそうだ。また、本殿で奉られている大黒天と恵比寿様が一体となった木の根の彫り物も寄進されたそうで、もともとは、木目調だったものが、たくさんの参拝の方々に大切に撫でられて、今はツルツルピカピカになっているという。


他にも、波除神社内の手水社のそばにある蛇（弁財天さん）が彫られた石碑も、けんちゃんおじさんから。近所の方から譲り受けて大切にしていたものを、時が来て神社へ奉納されたそうだ。こんなふうに、実はあちこちで、けんちゃんおじさんの福の神の足跡が見られる。

「山福さんの福打ち豆」は、実は知る人ぞ知る人気のお豆。初めて節分の時にいただいた青大豆が、なんと香ばしくておいしいことか！！　歌舞伎座や、鉄砲洲神社の節分祭でも使われている、大変縁起が良い豆だと後から知った。

もともとは、歌舞伎座にお福分けで納めていたところ、あまりにもおいしいので、「うちで使いたい」と定期的にオーダーが入るようになったそうだ。

良いものは、やはり自然と認知されていくのだなぁ。私も、この豆にすっかりはまり、今は毎年節分の時期に、津多屋さん経由で分けていただいている。

ある時、鉄砲洲神社の節分祭（鬼は外、福は内、の掛け声と共に降ってくる福袋が豪華で有名）で、ポチ袋に入った福豆が飛んできた。食べてみると「あ、これはあの青大豆！」、うれしくて一人でにんまりした。

けんちゃんおじさんは、卸売業者さんなので、普段は表に名前が出ることはあまりない。

けれども、天下の歌舞伎座さんや名だたる神社に奉納されている「日本の伝統文化・

行事に欠かせないお供物」を提供している縁の下の力持ちだ。

私は、けんちゃんおじさんを見るたびに、少彦名《すくなひこな》様を思い出す。古事記の中にも出てくる神様で、体がとても小さく、一寸法師のモデルにもなった神様。小さな体ゆえ自由自在に飛び回り、大国主様と一緒に国造りを手伝った、穀物を司る神様。

けんちゃんおじさんは、しっかりと厳選して買い付けた豆を販売・配達しながら、周りに知恵や福も授けている。だから、会うたびに、福の神に出会えた喜びを覚える。はっきり言って、見た目はちょっと怖い。バイクをブーンと飛ばしてきて、ヘルメットの下は痩せていて色黒で目がぎょろっとしている。

でも、話すととても温かくて優しい。そして、一度会ったら忘れることができない独特の存在感。

今回改めて話を聞くと、とてもおもしろい経歴の持ち主だった。もともと学者志望で、電子工学の専門家。高校時代、微粒子に魅せられてアインシュタイン理論か素粒子の研究者になりたいと思ったそうだ（最先端！）。

研究室を経てなんと建設省のお役人に。技官として任命され、アスファルトの付着率の研究をしていたそうだが、「やっぱり食べられるものが良い」と2年後に方向転換、役人をやめて、紆余曲折を経て、築地の人になったという。

奥様の秀子さんも築地の人。出会って5年、お茶飲みを繰り返し、「惚れぬいて結婚したんだよ」と、ちょっとはにかみながら教えてくれた。当時、場内の天ぷら屋の倅から「けんぼう、働き者のいい子がいるよ」と噂に聞いていた女性と、たまたま晴海の自動車教習所の駐車場で出会い一目ぼれ。

それから、奥さんの家業である大津屋の仕事を手伝うようになったというのだから、運命の出会いだ。


もともと「特許を取りたかった」というアイデアマンでもあり、まめまめしく機敏に動き、ご縁を大切にするけんちゃんおじさんは、山福さんでも大活躍。当時は料亭でしか食べられなかった丹波の黒豆を、一般人も食べられるようにと、生産者のところへ行って交渉し、卸売の販路を切り開いたそうだ。

有言実行のけんちゃんおじさんは、実際に実用特許を取っていて、今では当たり前に使われている有名な真空パックのお供え餅を開発したという実績もある。

さて、今年の節分2月3日のこと。私は恵方巻を買いに築地のお寿司屋さんへ向かった。たくさん種類があるので悩んでいたところ、ふと横を見ると、同じく恵方巻を真剣に選んでいる見覚えのある顔。思わずうれしくなって「けんちゃんおじさん！」と叫んだ。けんちゃんおじさんとおそろいのお福巻を選ぶことで、一件落着。

「よ、またな」と自転車にまたがって、颯爽と去っていく姿を見ながら、「福の神さん、ありがとう」と感謝した。

毎年、節分の豆といえば、けんちゃんおじさん。その福の神に、節分の当日にバッタリ会えたのだから、これほど縁起の良いことはない。今年は絶対良い年になる、と太鼓判をもらえた気分になった。

ちなみに今でも私は、福の神からいただいた「大吉のおみくじ」を大切にお守りにしている。

「大津屋」の立派な金文字の奥は事務所スペース。名前通り大津（近江商人）に由来する

けんちゃんおじさんと金の鯛。笑うと本当に福の神のようだ

DATA

大津屋　山福商店

住所 東京都中央区築地4-9-8
営業時間 3:00〜11:00
電話 03-3541-2955　休業日 日・祝・市場休業日

海苔・豆問屋

「お店は毎日がステージだ！」

築地人
その
17

鳩屋海苔店
鵜《う》飼《がい》友《とも》義《よし》さん

Q. 明日世界がなくなるとして、あなたは最後に何をする？
A. 家族に感謝と愛を語る

「いい声の海苔屋さん」「一番ノリのいい海苔屋の社長さん」として有名だった海苔・豆問屋『鳩屋』の鵜飼友義さん。

築地場外の喧騒の中でも、とびっきり威勢の良い声で、「おはようございます」と声を掛けられると、「今日もいい一日になりそう！」と心も晴れ晴れするのだった。

白いＴシャツに前掛けをかけた大きな体に満面の笑顔。

とても存在感のある風貌なので、人が多い場外市場の中でも目立たないわけがない。明るい声の鵜飼さんの周りは、いつも人だかりで、笑顔がいっぱいだった。

お店では、鳩屋名物「やきばら」と呼ばれる海苔に加え、美容健康に良いドライフルーツ、ドライナッツも大人気！　海苔・豆屋さんだけに、豆菓子も各種取り揃えられていて、ちょっとしたお持たせや築地みやげとしても重宝するおしゃれなパッケージに何度お世話になったことか。


店頭でも、道端でも、明るい元気な声で温かく迎えてくれる鵜飼さんは、みんなのヒーロー。誰とでもすぐに仲良くなって、面倒見の良い鵜飼さんは、一度顔見知りになると、まさに頼れる兄貴のような存在に。困ったことをＬＩＮＥで相談すると、すぐに返信があり、解決策を提案してくれるのでいつも私は助けられていた。
私が以前開催していた、築地で学べる和文化体験の場である「築地アカデメイア」
２０１９年６月の波除神社のお祭りに合わせて、「祭り寿司を作ろう！」とイベント
を企画し、開催できる場所探しに苦戦していた時、場所の提案、寿司職人さんの紹介
から酢飯の用意までお世話になり、ことあるごとに助けていただいた。

またある時は築地本願寺の盆踊り大会で、ＤＪ風のアナウンスをされていたり、波
除神社の節分祭で、「福は内」と一番大きな声で景気づけの豆まきをされていたり、
ＴＶ番組の『モヤモヤさまぁ～ず』で「築地特集」を組まれる際には、「いい声の海
苔屋さん」として常連の登場人物、築地の名物さんだった。波除神社の獅子祭では、
大きな体で御神輿を担ぐ姿がとにかく様になる。私がカメラに納めたお祭りの写真に
は、気づくと鵜飼さんが写っていることがよくあって、自分が鵜飼さんのファンだか
らなのか、それとも鵜飼さんがあまりにも目立ちすぎるからなのかいつも疑問であった。
私がＳＮＳにもそうした写真をよく投稿していたので、私の友人界隈でも鵜飼さ
んのファンが多く、本人にお会いしたことがないのに「あの築地の海苔屋さんね」と

よく話題に上り、台湾に住んでいる友達までが「築地に行ったら絶対会いたい人！」と宣言する程の人気っぷりであった。


鵜飼さんは、人を巻き込む才能に長けたアイディアマンで、その彼が主催していた「築地痛風会」は秀逸だった。痛風になるほどおいしいものを食べ歩こう、というコンセプトのこの会は、築地のおいしいものを「これでもか！」と食べることができる夢のような会だったのだ。

初めて参加した時には度肝を抜かれた。まぐろ、いくら、うに、ほたて……高級な食材もほぼ食べ放題、ずらりと並んだ日本酒も飲み放題！　こんなことができる場所は、築地痛風会の他にはなかった。大きなまぐろを解体して、みんなでスプーンですくいながら剥き身を食べたり、寿司職人がその場でお寿司を握ってくれたり。

もちろん、参加する人は始終笑顔。美味しくて楽しくて、みんな幸せになるので、参加する人の熱量の高さも半端ではなかった。

私の友人も、何人が痛風会のファンになり、築地を好きになったのだろうか。参加者人数は通算で２５０名近く、築地のおいしい「食」を通して、人との繋がりもどんどん広がっていった。私自身が築地を大好きになるきっかけの一つは、間違いなくこの痛風会のおかげだろう。つまり、鵜飼さんのおかげである。あんなに豪勢で豪快な会を催せるのは、ひとえに鵜飼さんの底なしの笑顔の力だった。

鵜飼さんは、ある時は舞台俳優さんにもなった。『こと・築地玉寿司物語』という演劇は私のとても大好きな舞台の一つだ。そのことについては築地玉寿司さんのお話で触れるとして、この舞台は、築地本願寺に併設される本願寺ホールで上演されていた。そこに築地の海苔屋さん役として、名だたるベテランの大俳優さんと共に舞台に立っていた鵜飼さん。その堂々とした自信にあふれる演技、発声の良さは、舞台の上でもひと際輝いていた。

海苔屋の店頭で鍛えられた声の良さ、「お店は毎日がステージだ」と生き生きとした笑顔を振りまいていた鵜飼さんの姿は、圧倒的な魅力を放っていた。背が高くて恰幅も良いので、前掛けをかけた役でもとにかくかっこよかった。

バリトンボイスの海苔屋さんは、持ち前の声の良さを更に生かしていこうと合唱団にも入られていて、なんと、あのＮＹのカーネギーホールで歌ったこともあるそう！

その姿をわざわざ観に、NYまで追いかけた鵜飼さんファンもいるほどだったよう。

いつでもどこでも、国境を越えてもなお、大きな存在感で沢山の人に影響を与えた続けたスーパーヒーローである鵜飼さんが、突然この世を去ってしまったのは2022年6月のことだった。とてもとても信じられなかった。

訃報のお知らせを聞いた時、新しい劇の中の役の話なのではないか、同姓同名の人違いじゃないか、と何度も耳と目を疑った。誰も信じることができなかったと思う。

その頃の鵜飼さんは、築地の海苔屋さんから転身して、より広く世のために貢献しようと千代田区議会の議員さんになられていた。

議員になられてからは、築地のお店も撤退していたが、たまに築地まで来ていて、何度かスーツ姿でダンディな鵜飼さんとご飯をご一緒させてもらった。

議員活動と並行して、祖父の時代から運営し、三代目として引き継いでいた靖国神社内の店舗をリニューアルし、『靖國八千代食堂』という新業態の飲食店としてオープン。鹿児島・知覧の特攻隊の方々の飛び立つ前の最後のごちそうであった、特攻の母・鳥濱トメさんの玉子丼を食べることができる食堂を作られた。

このスペースを使ってやりたいことがあったら協力するよ、一緒に日本を良くしていこう、と声をかけてくれたのは本当にうれしくて、今でも私の心に刻まれている。まだまだできることも、これから一緒にやりたいことも、たくさんあった。もちろん、私だけでなく鵜飼さんと関わった全ての人たちがそう思っていたに違いない。築地の人、お店の人、お客さん、痛風会の仲間たち、千代田区の人たち……。いつも鵜飼さんの周りには明るい笑顔の人がいて、一緒にいると元気をいただけた。54年の生涯をかけて、たくさんの人々に影響を与えたヒーローの一人だ。

鵜飼さん、出会ってくれてありがとう。

そして、たくさんの人に出会わせてくれてありがとうございます。

あなたのおかげで、私は築地が大好きになりました。

たくさんのきっかけを作ってくれて、築地魂を教えてくれてありがとうございます。

また天国で会う日まで！

会った時には、いつもの良い声と大きな笑顔で声をかけて下さいね！

私の心の中にある想い出のアルバムで、鵜飼さんは眩しい笑顔で生き続けている。

鵜飼さんといえば、特注の「くーぴん号」という自転車がトレードマーク

千代田区議会議員になられてからスーツ姿のカッコイイ鵜飼さん。築地で海鮮丼食べながら、お茶で乾杯～

数年前の波除神社の獅子祭にて。毎年お祭りでも大活躍の鵜飼さんと筆者

※現在、鳩屋海苔店は閉店

新聞社

「築地とは一生モノの付き合いになると思う」

築地人 その 18

日刊スポーツ新聞社
寺《てら》沢《さわ》卓《たかし》さん

築地の好きな場所

米本珈琲東通り店の奥から眺める東通りを行き交う人たち

築地という地名からは一見、新聞というものは結びつかないかもしれないが、この築地界隈には朝日新聞社本社、そして１９４６年創業・日本初のスポーツ新聞である日刊スポーツの本社がある。元々、かの電通本社も築地に鎮座していたし、隣の東銀座にはマガジンハウス本社もある。昔は、築地〜新富町あたりには活版印刷所もたくさんあり、出版社、マスコミの聖地だった。

この日刊スポーツのベテラン記者（ブンヤ）である寺沢卓さんは、「タコ坊主記者」のあだ名で親しまれる築地の有名人だ。

平成元年の入社以来、釣り紙面のコーナーや社会面を任されていた寺沢さん。２０１０年に築地とお神輿が大好きな同社社長から直々に、築地の地域ネタ担当に大抜擢され、今に至る。築地の市場の移転問題が佳境だったころの築地担当は、さぞかし忙しく重責だっただろうが、そこからずっと、築地の街の変化を見守ってきた存在は、誰よりも築地のことを知り尽くしている男。

地元担当の記者という職業柄か、今も築地のあちこちでよくお見かけするが、なにしろこの方は身長１８３センチのガッチリとした体格にスキンヘッド、そしてメガネ、夏場にはハーフパンツにビーチサンダル、というひと際目立つ風貌のため、賑やかな築地の市場でも発見しやすい。

私と寺沢さんの間を取り持ってくれたのは、近江屋牛肉店の寺出社長（P．108）で、寺出社長が2020年に日刊スポーツの取材を受けられた際に同席して、ご紹介いただいたのがきっかけだ。

寺出社長と寺沢さんには不思議なご縁があった。お互いに第一印象が良くなかったという二人。初対面時、あまりマスコミに良いイメージがなかった寺出社長は口が重く、そうした態度が寺沢さんにはとっつきにくい相手に映った。

ところが、Facebookで繋がった途端に状況は一変。なんと、二人は生年月日が全く同じだったのだ！　そこで運命を感じたのかお二人は意気投合、今や寺出社長と寺沢さんは一緒に築地を守っていく同志となっているのだから、ご縁というのは奇妙なものだ。

しかも、寺沢さんは、吹田商店（P．132）の吹田社長とも予備校が同じだったというのだから、どこまでも築地とは縁が深い人なのだろう。学生時代に全く別のところで苦楽を共にした仲間が、まさか社会人になって再会して、取材する側とされる側で共に仕事をするなんて。奇遇というのか奇跡というのか必然というのか運命というのか。築地とは、人が集まる不思議な街である。

皆さんの中には、新聞記者と聞くと身構えてしまう人も多いかもしれないが、寺沢さんはそうした職業の垣根を越え、築地の人たちと仲良しだ。

２０１１年の東日本大震災の際、築地場外市場の有志たちは、日頃おいしい食材を届けてくれている東北の人たちを助けたい一心で、現地で炊き出しなどのボランティアに精を出していた。そうした活動にも寺沢さんは同行し、皆と共にボランティア活動をしながら、絆を深めていった。東北の人たちをお招きし、築地本願寺で「築地マルシェ」を開催する時にも、協力者達とたくさん話をして、徐々に仲良くなったという。

２０１２年、築地の土地が拓かれて３５０周年を記念して築地本願寺で開催された「築きな祭（きずきなさい）」の際にも、開催準備に向けて、毎日喧々諤々《けんけんがくがく》とやり合う幹部たちの懐へ飛び込み、リアルな体験に基づく取材を行った。

今、築地の人たちが寺沢さんを信頼し、腹を割って話すのはこうした彼の地域密着型の丁寧な取材の積み重ねがあってこそだろう。築地の人にとって寺沢さんは「外から取材に来る人」ではなく、「何かあった時に頼れる身内」なのだ。築地の人へのリスペクトを持ち、心を寄せながらも、書き手としての冷静さ、客観的な視点も失わない。寺沢さんの築地の人、土地に対しての在り方からは私も日々学ばせてもらっている。

寺沢さんはまた、お祭りや御神事にもとても詳しく、私の知らない細かい情報まで惜しまず教えて下さる。

コロナ禍で、規模を縮小して行われた、2021年の築地獅子祭り。例年は、1トンを超える大きな獅子頭が街を練り歩くのが名物なお祭りだが、この時は、人の密集を避けるため、波除神社からご神体のみが行幸される特別バージョンで開催された。

今までに見たことのないご神事ゆえ、私も目に焼き付けたいと駆けつけたところ、取材にいらしていた寺沢さんと一緒になった際にも、「今回のお祭りは、江戸時代の行幸スタイルを再現されていてね……」等々、歩きながら様々な知識を共有してくださった。

「もともとそういうことに興味があったわけじゃないけど、築地の人から教わったことがたくさんあるから」という寺沢さんの言葉からは、単なる取材の対象というだけではなく、築地の人々への愛とリスペクトが感じられる。

私が寺沢さんにキャッチコピーをつけるとしたら「築地を見守る大魔神」。大きく頑強な体に見合った広い視野で、築地のあちこちまで目を配り、海のように大きな愛を寄せている。釣りの専門家だけあって、冬でも日焼けしてつやつやのスキンヘッドに、がたいの良さ。いつも築地のどこでお見かけするので、築地のどこのお店の人⁉と思われていても不思議ではない。

築地を愛する同志というだけで、私のような新参者にも興味を持ってくれ、取材への不安を口にする私に、「自分の本なんだから、時間さえ許すのであれば、納得いくまで聞き直せばいい。幸い、みんなまだ生きてるんだから」と笑って勇気づけてくれたことを覚えている。

また、築地の重鎮と呼ばれる人々に会うことに対してどこか怯んでいた私に、「紹介してあげるから大丈夫」「僕が行けるところはとことん付き合うよ。築地のことを活字にしてくれるなら何でも協力しまーす」。

そうやって何でもないことのように、実際にたくさんの方々を繋いでくださった。

「築地とは一生モノの付き合いになると思っているから。僕にできることは全部やりましょう」

「築地を知らない人にもっと築地の良さを呼びかけたい！」

てらいなく、真直ぐにそう口にする寺沢さんの言葉はいつも私の胸に刺さる。

そして、記者という領分を超えて築地のことを思うその熱いハートは、もちろん彼の書く記事にも現れている。

百聞は一見にしかず。
P．198から、寺沢さんの書かれた記事を原文のまま転載しているので、ぜひご一読ください。
きっと寺沢さんの築地を見守る視点のあたたかさを感じられるはず。

築地を知り尽くした男から見た、これからの築地の未来も楽しみだ。

タコ坊主記者として有名な寺沢さんのお気に入りイラスト

釣り番組でも引っ張りだこの名物記者だ

DATA

日刊スポーツ新聞社　東京本社

住所 東京都中央区築地3-5-10
電話 03-5550-8888　創業 1946年

日刊スポーツコラム

2019年3月18日

喫茶マコと長生庵

終わった街、築地―そう、思っていませんか？歴史に終幕はあっても、伝統は脈々と引き継がれていく。築地場外の純喫茶『マコ』は昨年5月に閉店。その3カ月後に再びコーヒーの香りが店内に充満した。純喫茶なのにメニューに「お雑煮」がある。バトンを渡された一杯には、築地場外のあふれる気持ちが詰まっている。場外の人気そば店『築地長生庵』代表の松本聰一郎《そういちろう》（43）が語る。（敬称略）

「こんにちは、聰一郎です。周囲からは「そうさん」と呼ばれています。毎年11月に築地町内でお酒の飲めるお店に声を掛けて町バル企画「築地はしご酒」を開催して、いたらないのですが委員長をやっています。

築地には〝顔〟になる個性のある先輩がいっぱいいて、僕ら若手も負けずに何かやんなきゃ、と思ってはしご酒を始めました。夕方から夜は築地、それで銀座ではバーやクラブの若手が主催する『GL』という音楽を絡めたイベントを明け方まで。この2つを同じ日に開催して中央区のこの地域を盛り上げていこうと思っているんです」

GLは「GINZA　SUKI　BAR」（銀座6丁目）を経営している「テツ」こと吉田哲也（34）が中心になっている。

「そんなこともあってテツとはいろんな話をするし、銀座と築地をどう活性化させるかでいっつも話しています。ちょうど1年ぐらい前、テツから相談を受けました。

『そうさん、築地に手ごろな物件ないスかね。いろんな資料が店にたまって置き場がなくて、事務処理も落ち着いてできないし』って。顔なじみの築地不動産のヨシダさんを紹介して、候補があがってきた。その中に『マコ』があったんです」

1961年（昭和36年）3月開業で、築地場外の純喫茶では最も古い。店主のマコさん（熊谷昌子）は現在91歳。

「今もピンピンに元気なんだけど、体力の限界を感じて引退を決意したんです。僕はそういう喫茶店があるのは知っていたけど、入ったことはなかった。

で、店の中を見るのにテツがマコさんと会うから、『そうさん、一緒に来てくださいよ』。そう言われたけど、なんかイヤだったんです。でも、断りきれずに渋々付き合った。

入店するとマコさんに『あなたはどこの子?』と聞かれたので『そば屋です』と。店名を聞かれて『ああ、長生庵です』と小声で返すと、その場にいた客を次々にさりげなく追い出して、僕ら2人だけにして、こう言ったんです。

『あなたを待っていたの』。

僕の亡くなった父は松本好生《よしお》といいます。茅場町の名店長寿庵で修業して、のれん分けのときに『築地で長寿庵を名乗るか?』と親方に言われたらしいんですが『すでに兄弟子が築地で看板を出している。銀座にもある。私は今まで〝好きに生きてきた〟好生なので自分の名前を入れて長生庵とします』。そういう父でした。

終戦直後の独身のころ、大人気のコカ・コーラの営業兼配達員をしていたそうです」

マコさん「とてもモーレツな営業員で、芝から日本橋ぐらいまででは成績トップだったのよ。私も開業したばかりで何もなくて内緒でコップをいっぱいもらったの。お店を辞めると決めて食器も常連さんにみんなあげちゃって、手元に残ったのはコカ・コーラのコップ5個だけ。誰にもあげずに自分でもっていようと昨晩このコップを久しぶりに出して磨いていたの。そうしたらあなたが来た。心臓がバクバクしてきたわ」

「何ですか、これ。涙が止まらなくなって、オフクロも呼んで、3人で泣いて、テツがあ然としていました。

だから決めたんです。マコを引き継ごうと。テツの店の若手と僕とみんなで順番に店番して。マコはお雑煮が看板メニュー。開店当初、場外の大食漢が店に入りびたって、定食や出前もやったみたいなんですが、保存も楽ですぐにできるお雑煮を出したらウケた。開店7年目のことだそうです」

以来、看板に「珈琲・お雑煮」が刻まれた。

「どうせなら、そのお雑煮、季節ごとに内容を変えて、築地オールスターズにしてしまおうと。餅《もち》は『大野屋米店』の岡田泰章（40）に作らせました。昨年のGLで餅を客につかせるイベントを岡田が引き受けてくれて、すんごくうまかったんで商品化されてなかったけど、無理を言ってマコのお雑煮の餅をお願いしました。一晩、餅米を水にひたして、早朝につく。『朝つき餅』ですね。きめ細かい生地で、そのまま焼いて何もつけなくても甘くてうまい。岡田はそろそろ小売りも考えてるみたい、ッスよ。

野菜は4丁目交差点の『豊吉』。従業員の山田文英《ぶんえい》（38）はテツのスケボー仲間。文英は『毎朝、テツくんが店に寄ってタケノコや空豆、菜の花とか目につく春野菜を仕入れにくる』って。
ダシは一番大事。長生庵で作っていますが『鳥藤《とりとう》』社長の鈴木昌樹（42）の勧めるモモ肉。岡田とはPTAのソフトボールでチームメートの仲。『マコさんには開店以来、ウチが届けているんスよね。銘柄は鳥取や山梨とかいろいろです。そのときにいいものを目利きして使ってもらっている。餅との相性も抜群』と昌樹。昆布は吹田商店の吹田勝良（54）のアニキで『どこ産か？　お雑煮にぴったりの昆布に決まってんだろ』って。めちゃくちゃうまいッスよ。
3月4日から春限定の『鶏桜雑煮』（700円、コーヒーとセットで1100円）を出してます。桜の花を浮かべて。マコさんが京都出身なので、そのイメージも崩さずに作ったんですが、マコさんには『あら、私のよりお上品ね。でも、とってもおいしい』ってホメてもらった。うれしい、ッス。また、夏になったら新しいお雑煮を考えます。残していきたいです、築地の伝統」

【構成・寺沢卓】

喫茶マコ

お食事メニューのお雑煮は「海鮮雑煮」（1600円）。国産のマダイ、ハマグリ、ホタテ、ズワイガニが入っている（コーヒーとセットで1800円）。「磯辺焼き」（500円）。焼いた大野屋米店の自家製餅を伊藤海苔店ののりで挟んだものが2個。

そのほか田所食品の明太子＆たらこ、諏訪商店と江戸一飯田の佃煮セット、菅商店の親鳥シューマイなど築地場外市場の名物も「おつまみ」でおいてあり、飲み物はコーヒーのほかに通称「赤星」サッポロラガービール（中瓶）などキュッと一杯もできる。レコードプレーヤーもあって、アナログな優しい音楽でゆったりできるのもうれしい。店内でたばこ吸えます。営業は、月～土曜、昼の部は午前10時～午後３時、夜の部は午後６時～同９時。日曜定休。「そうさん」の当番は水曜。

※メニュー・価格等、現在は変更の可能性もあるため、来店時はご確認ください

浄土真宗本願寺派

「お坊さんの常識を覆したい」

築地人
その
19

法重寺《ほうじゅうじ》
南條《なんじょう》了瑛《りょうえい》さん & 成美《なるみ》さん

築地の好きな場所
あかつき公園冒険広場

築地に10年住んでいながら、行ったことがない場所が、まだまだたくさんある。そのひとつが法重寺さんだった。

築地本願寺と同じ浄土真宗本願寺派の寺院。1591年の創建で、明暦の大火後、築地本願寺と共に築地に移転してきたという由緒あるお寺。

江戸時代初期のこの地は、江戸城のお堀の先の海の中だった。明暦の大火で燃えてしまった西本願寺派の寺院を建立するために埋め立てて造られた地が今の「築地」。当時の古地図を見ると、築地＝築地本願寺を中心とした寺町として発展した。かつて江戸時代には58か寺あった塔頭寺院も、今は残り5ヶ寺だけ。そのうちのひとつが法重寺だ。

法重寺は、築地本願寺のすぐ隣、晴海通りに面していて、お寺らしからぬ、ちょっとおしゃれなエントランス。都会ならではのビル型寺院。ビルの外観を見上げると、大きなシンボルマーク。都会のお寺で気になる存在だったが、なかなか足を踏み入れる機会がなかった。……が、実は私にとっては、憧れの場所だった。

というのも、こちらの住職でいらっしゃる南條了瑛先生は、私の中の有名人だったから。その理由の一つ目は、築地本願寺が運営されている英語法座を担当されていたこと。二つ目は、２０２０年以前にＳＮＳのクラブハウスにて「あつまれお坊さんの森」というルームを運営されていたこと。その時、奥様も築地でお坊さんをしていらっしゃるということを知り、「なんて興味深い！」と思っていた。三つ目は、私が毎月愛読している築地本願寺の月刊誌で、英語でお坊さんコラムを書かれていること。
築地本願寺をはじめ、日本のお寺・仏教に興味があって、しかも英語好き、という私にとっては、築地に英語で仏教やお寺の話ができるお坊さんがいるなんて、とうれしい驚きで、「このお坊さんのお話を聞きたい！」「英語法座にお参りし、弟子入りをしたい！」と思っていた。

しかし、英語ができるインテリお坊さんとは、ハードルが高い……（弟子入りなんて恐れ多い）とドキドキしながら、初めて築地本願寺のサテライトテンプルである築地本願寺サロンの紹介パンフレットの写真を見た時、ちょっとほっとしたことを覚えている。南條先生は、堅物の大御所僧侶とは真逆の、物腰柔らかそうな好青年、さわやか僧侶さんだった。一般的に想像する、「丸坊主」のお坊さん（その名の通り！）で、近づきがたいイメージとは良い意味で全く違ったのでした（ちなみに、築地本願寺含む浄土真宗のお坊さんは、髪がふさふさでもＯＫ、黒髪に袈裟を羽織っているお姿がまた凛々しい)。

そんな訳で、英語が堪能で海外経験のある南條先生は、仏教界でも異色のお坊さんで、そのお寺が築地にあるということは、私の築地データベースにおいて「いつかお会いしてみたい人」リストに入っていた。


そんなある日、築地仲間で本書のカバー絵とマップを担当された書家の蓮水さん(Ｐ．１６２)から、「若いご夫婦共にお坊さんをされている築地のお寺をご存知ですか？」と紹介された。お寺の名前を聞いた時はピンと来なかったが、場所と住職のお名前を聞いた瞬間、「なんと！　あの憧れのお寺ではないか！」と興奮した。

蓮水さんと法重寺の奥様（成美さん）は、幼稚園のママ友同士で、お互いに日本文化を軸に活動していることもあり、家族ぐるみで仲良しとのこと。

そこからのご縁で、私もお寺にお伺いして、南條ご夫妻と知り合うことができたのだから、本当にご縁とは不思議なもの……ひょんなことから、まさかホンモノに会えることになるなんて！

「仏縁」という言葉があるけれど、人と人とは見えない糸で繋がっていて、タイミングが合った時、必要な人には必ず会える仕組みになっているのだと、改めて思った。

さて、憧れの法重寺さんへ初めて訪問した私は、まず入り口の大きな仏様の美しさに感動した。蓮華に鎮座される金色でぴかぴかの仏様が、優しいまなざしで迎えてくださった。さらに奥の部屋へ進むと、築地本願寺と同じく、金色で装飾された気持ちの良い本堂に佇む阿弥陀如来様のお姿に、何かとても、あたたかい空気を感じた。距離感なのか、天井絵や装飾の色合いなのか。汚れひとつなく磨かれたご本堂の清々しさと、金色が織りなす世界が、とても明るく美しかったのだ。

「築地本願寺と同じ、金色でぴかぴかなのですね！」とお聞きすると、「金色は、阿弥陀様から見える世界を表しているのですよ。人も鳥も虫も、すべてが黄金色に輝いている世界、これがお浄土なんです。私たちが住んでいる世界は、実は金色なのですよ」と、住職の了瑛さんが教えてくださった。「決してお寺がお金持ちだから、金ぴかにしているわけではないんですよね」と、坊守の成美さんが笑って続ける。

この時点ですぐに、お二人の阿吽の呼吸、支え合う素敵なご夫婦像が伝わってきた。

了瑛さんは、築地生まれ築地育ち。小学生時代は、銀座にあるゲームセンターに通っていたことが思い出という都会っ子。大学時代、京都の龍谷大学で仏教を学び、その後、アメリカのカリフォルニア州バークレーにある米国佛教大学院（ＩＢＳ）に留学して、英語で仏教を学ばれる。アメリカには、宗教大学院（ＧＴＵ）という学校があり、あらゆる宗教を英語で学ぶことができるそうだ。

宗教家が宗派を超えて、お互いの宗教を学問として学ぶことができたら、きっと世界平和に繋がるだろう。

そんなグローバルな環境で学ばれた了瑛さんだからこそ、築地でも、地域に愛される開かれたお寺、外国人の人にもオープンなお寺を目指していらっしゃる。

ちなみに、了瑛さんのお父様（前住職）は、アメリカで開教使として仏教をお伝えしていらっしゃったそうだ。どこまでも新しい風を感じるご家族である。

奥様であり、坊守の成美さんも、れっきとした僧侶でいらっしゃる。なんと、こんな可愛らしい女性がお坊さんだなんて！　美男美女のお坊さん夫婦。もちろん、お子様も天使のように可愛らしい。南條ファミリーに初めてお会いした時、どこまでも、お坊さん一家のイメージがひっくり返された。

確かに、築地本願寺にも女性の僧侶さんが数名いらっしゃるが、髪は丸坊主ではないし、お話して初めて「お坊さんだったのですね！」と驚いたことが何度もあった。それほど、私の中の一般的なお坊さん像ができあがっていたことに気づく。

成美さんは、山口県のご出身。ご実家がお寺で、お父さまがご住職でいらっしゃる。あとを継ぐ予定の弟さんは、現在、築地本願寺でお務めされているというので、姉弟で築地在住ということである。成美さんとそっくりの弟さんは、やはりイケメン坊主で有名らしい（築地本願寺へ学校行事で訪れた女子高生たちに取り囲まれて写真を撮られることもあるそう！）。何とも楽しいお坊さん一家だ。

成美さんは、イラストを描くのがお上手で、法重寺のＨＰや、定期刊行誌に載っているほっこりするイラストは、成美さんの作品。「美術系の学校だったですか？」とお伺いすると、「いいえ、とんでもない！」とのこと。大学では社会学、その後、龍谷大学の大学院で仏教を学ばれたそうだが、学生時代にフリーペーパーの発行に至り、その際にイラストを描いており、得意なことを生かしているそうだ。なんとも多才！

そんな成美さんは、全国でも珍しい参拝記念イラストを始めた方でもある。御朱印帳ならぬ「ご縁帳」もオリジナルで作られており、コロナ前は、参拝イラストが大人気で、予約制ではあったものの、毎日イラストを描くのに大忙しだったに違いない。1時間に10名程度の方とお会いし、お話されながら対応するのが楽しかったそうだ。（2023年5月をめどに再開されるそうなので、ぜひ私もお願いしたい！）子育てをしながら、お寺の活動もしっかりされている成美さんは、同じ女性から見ても素敵な女性だ。

若いお坊さん同士のご夫婦だからできる、お寺改革。「地域と共に、地域活動や子育てママとパパをご門徒さんらと一緒に応援していきます」と掲げていらっしゃるように、お寺でのリトミック、ヨガ教室、英語教室など、子供から大人まで集える場を広げていらっしゃる。

了瑛さんが、十三代目住職としてお寺を継いだのは2年前。大学院のドクターコースで博士論文を書き、中学・高校・大学の非常勤講師として勤務し、二人の子育てをしながら、お寺の住職をされる生活は、さぞかし充実されていることだろう。
その経験があるからこそ、地域を大切に、人と人とが助け合える、繋がる場を作ろうとされており、お二人の経験に基づく地域コミュニティづくりの大切さは、私も共感するところが大きい。本来、お寺は特別な場所ではなく、誰もが繋がれる地域に根差した身近な場所だったので、人間関係が希薄になった現代社会こそＴＥＲＡＫＯＹＡ（寺子屋）の文化が大切だと思う。

また、お二人は、築地を中心に、全国のお坊さんとの横の繋がりも大切にされている。前述のクラブハウス「あつまれお坊さんの森」というトーク部屋では、宗派を超えて沢山のお坊さん同士が意見交換できる場所を創られており、私のようなお寺を生業としていない一般の方とも、気軽にお話ができる場として提供されていた。私もクラブハウスをよく利用していた流行りの頃、「築地」「お寺」というキーワードでたまたま辿り着いた番組で、「新しいことをされているお坊さんのご夫婦だ」と注目しており、こっそりとフォローさせていただいていたのも、今となっては懐かしい。

伝統を重んじながらも、新たな取り組みを実践されているご夫婦は、これからの仏教界を担っていく存在ではないかと感じる。「お坊さんの常識を覆したい！」という了瑛さん。「早起き、肉は食べない、お酒も飲まない」、聖人君子というイメージが強いお坊さんだが、了瑛さんはあえて「僧侶だけど、煩悩が消えなくて困っています」と笑ってお話しされていた。

また、成美さんも、僧侶の妻であり母である現役のお坊さんだが、学生時代に大きな事故に遭われて浄土真宗のみ教えに出あい、心の支えを見つけられたことで安心して生きられるようになったそう。支えに出あえたからこそ、今のこの瞬間を輝いて生きることができる。そんな自身の体験を通して「お寺とのご縁により、生きづらさを感じている方の悩みを解消したい」と考えて、場づくりをされている。

そんな「人生を変えてくれたお寺」と出あうきっかけ作りとして、リトミックやお話会、ヨガなどの癒しの空間を大切にされているとのこと。古き良き、地域に根差したお寺文化の在り方を感じた。

お坊さんも、私たちと同じ人間である。悩んだり苦しんだりしながらも、娑婆《しゃば》を一所懸命生きているのだと、人間臭さを見せながら寄り添ってくださるお二人は、新しいお坊さんのスタイルかもしれない。きっかけづくり、ご縁づくりを大切に、ともに応援しあい、歩んでいく仲間の輪を広げている。

開かれたお寺づくりは、築地の「開かれた市場づくり」と似ていると思った。お寺は、人と人、人と仏様、人と地域がそれぞれ出あうきっかけであり、みんなの居場所。お寺を通して、日本の文化や歴史を知ることができるのも、海外の方から見た大きな魅力である。

築地の中でもアクセスが良く、最高のロケーションである法重寺。築地から日本国内、そして海外の方とのご縁を紡ぐハブステーションとなるイメージが浮かんできた。築地発、世界発信。どんな国の人も受け入れ、英語でお寺をご案内されるお坊さん。「僧侶でも煩悩は消えない」という明るい言葉が、今日も人を元気にする。

取材をさせていただいた日のお二人。明るい夫婦僧侶のおかげで、お坊さんのイメージがぐっと変わった

中に入ると広がる金色の御堂。阿弥陀尿来様の優しい眼差しに救われる

DATA

法重寺

住所 東京都中央区築地3-17-10
電話 03-3541-0947　創業 1591年

浄土真宗本願寺派

「ゆめゆめおごることなく努力精進」

築地人その20

築地本願寺
東森《ひがしもり》尚人《しょうにん》さん

築地の好きな場所
築地本願寺

築地のランドマークといえば築地本願寺を挙げる人も多い。インドの古代仏教建築を模したというオリエンタルな外観は一度見たら忘れられないインパクトを残す。

本堂の中に入ると、雰囲気は一転。御焼香の煙がゆらめき、正面には金色の御堂が現れる。しかし、後ろを振り向くとドイツ製の大きなパイプオルガン。そして、扉の上には、色鮮やかなステンドグラス。初めて来た人は、皆「ここはお寺なの⁉」と驚く。

創建は1617年、築地の街の歴史を語るのに、築地本願寺の存在は欠かせない。江戸時代に明暦の大火で焼けてしまった京都西本願寺の江戸御坊を再建するため、佃島の門徒達を中心に東京湾の海を埋め立てて作られた地が「築地」。築地本願寺の歴史＝築地の歴史と言える。大変由緒ある寺院だが、今やその取り組みや組織体系は驚くほど先進的で誰にでも開かれた場所になっている。


さまざまな理由でお墓を守ることが難しい現代人のライフスタイルに合わせて、30万円からという誰もが入りやすい価格の合同墓のサービスがその代表格だ。本堂の一階のラウンジに入ると、まるで高級ホテルのようにコンシェルジュが合同墓サービスの説明を行ってくれる。

「築地の寺婚」と称した婚活サービスでは、専門の婚活カウンセラーが成婚までサポートしてくれる。築地本願寺が運営しているということで信頼度が高く、とても人気だそう。

カフェでは阿弥陀如来の四十八願の根本の願「第18願（本願）」にちなんだ「18品目の朝ごはん」が人気を博し、連日朝から大行列だ。SNSでも話題殺到。地元築地の食材を使い、豆皿に並べられた様はとてもかわいく、SNSでも話題沸騰。その他モダンでおしゃれな物販コーナー、コロナ禍では本堂のYouTube生配信、オンライン法要、築地本願寺の若い僧侶さんたちは、デジタル坊主、AI坊主の先駆けとなった。銀座には寺子屋的サロンを開設、そこで仏教の講座だけでなく、ヨガ講座、終活講座、遺言の書き方講座……エトセトラエトセトラ。

2019年には歌手のAIさんが本堂でコンサートを開催。「お寺でゴスペル」と話題になった。2021年には、ピアニストのハラミちゃんがTV収録でパイプオルガンを演奏、YouTubeでもその様子が見られる。ランチタイムに定期的に行われているパイプオルガンコンサートは、近隣住民や働く人に憩いの時間を与えてくれる。

『お寺は生まれてから死ぬまでお世話する場所』という考えのもとに、人の生活、人生に関わることを積極的に展開している。

今、こうして開かれた新しい築地本願寺があるのは、現在は京都の本山西本願寺の代表役員・執行長に就かれている安永雄玄（雄彦）さんが２０１５年に築地に来られた時からだ。

大手銀行のご出身で、ＭＢＡを取得しコンサル会社勤務という超エリートコースを歩みながら僧侶になったという異色のキャリアの持ち主。

お寺の運営をビジネスとして考えるのはタブーという考え方が根強い組織文化の中、財源は檀家から集めるという昔のやり方だけに頼らず、マーケティングもしっかり行い、財務諸表の考え方を持ち込むなど、大胆な改革をたくさん成し遂げてきた。仏教界に「黒船来航」というような革命を起こした。

そして、安永さんの右腕としてサポートしてきたのが現・副宗務長の東森尚人さん。２０１８年に京都の西本願寺、本願寺派の宗務所から築地に移ってこられた。

柔和でゆったりとした雰囲気、とても人当たりがいい関西人という感じで、築地本願寺が場外や地域の人たちと深く親交を持つようになったのも東森さんの人柄によるところが大きい。

お二人がタブーを打ち破ることに尽力してきたのは築地の発展のためであり、そして築地本願寺がより多くの人々の心の支えとなるため。

コロナ禍でオンラインの法要や本堂のＹｏｕＴｕｂｅ配信を始めたのも、実際に来ることができなくてもお寺と繋がっていると感じてもらうためだ。地域に根ざしながら大きな視点を持っているその姿勢に私は心を打たれる。

東森さんはとてもフレンドリーな方で、そのお姿を見かけると、こちらが思わずにっこりしてしまう。「浄土真宗では、僧侶でも肉も酒もたしなみますよ」とおいしそうにご飯を食べる、親しみやすく人間らしい魅力のある人だ。築地本願寺の大改革のお話やお坊さんのリアルな生活ぶりをいつも楽しく話してくださる。

２０１９年、私が和太鼓のイベントを開催するために場所を探していた時、近江屋の寺出社長から紹介してもらったのが東森さんだった。

地域の人にもっと築地本願寺を知ってもらいたい、地域の人と一緒に築地を盛り上げたいという気持ちのある東森さんは快く協力してくださり、築地本願寺の本堂隣の第二伝道会館を手配してくださった。この時、本堂の説明の際は、シンガポール人のお坊さん、ワンさんが英語でも対応してくだり、お昼はレストラン紫水の料理長自ら、精進料理の説明をしてくださり、参加者の皆様の満足度は想像以上だった。築地本願寺は、いつ行ってもいろんな魅力がある場所だと感じる。


私がそれまで築地本願寺に対して抱いていた固定概念は次々と良い意味で裏切られた。浄土真宗では、僧侶は俗の生活を営みながら仏教を伝えること伝統から、普段は坊主頭でなくてもよく、髪がある！　女性の僧侶もたくさんいらっしゃる。和太鼓イベントの際にお世話になった方もかわいいＯＬさんといった風情だが、さすが対応はしっかりしていらっしゃった。

なぜ築地本願寺へ来たのかと尋ねると、「実家がお寺で僧侶になったんですが、ここには楽しいこと、新しいことを提案する風土があるから」とのこと。

若い僧侶が別のお寺から修行しに来ることも珍しくなく、およそ１００人の僧侶を取りまとめている安永さんや東森さんがそうした風土づくりに一役買っていることは間違いない。


人を育てることを大事にしているという意味でも、築地本願寺は良い組織で、職場のモデルケースになるのではないかと思う。

役職にとらわれず、目的に合わせたチーム分けをし、メンバーみんなで会議を行い、みんなでアイディアを出す。それを取りまとめるのが東森さんだ。

東森さんは、〝中田敦彦のYouTube大学 - NAKATA UNIVERSITY〟の人気シリーズ、〝【日本史散歩】築地本願寺！ 中田が最も思い入れのあるお寺に大興奮〟という動画の中でも登場するので、見たことがある人もいるだろう。その他、テレビの取材でもよくお話されているので築地本願寺の顔だ。

ご本人曰く、「標高４００メートルのところにある奈良の田舎（奈良県宇陀市）」の出身なので、初めてテレビに出た時は、「有名人になった！」と地元でも話題になり、たくさん連絡が来たらしい。

東森さんは、ご実家の奈良の正定寺《しょうじょうじ》のご住職でもあるが、2018年に抜擢されて、京都の西本本願寺・宗務所から異動になり築地本願寺へ。はじめは、奈良の地元や京都のような山が見えず、太陽を直接浴びられない環境に淋しい気持ちになったが、そんなときは隅田川へ行って水面を見るとほっとしたそうだ。

また、京都から築地に来ていろいろとカルチャーショックを受けたという。まず、仕事では、もともと京都では事務方として、どちらかというと裏方の仕事をしていたのが、築地本願寺では、No．2として法要の導師など表に出ることが多くなり「いきなりリードボーカルになったような」変化だったそうだ。

また、築地に来て、築地山長の松江さん（P．120）との出逢いも衝撃的だったという。

2018年8月のサマーフェスティバルの御挨拶で伺うと、「なんなんだお前はばかやろう〜」と、いきなり江戸っ子式の挨拶に洗礼を受けたそうだ（もちろん、東森さんへの文句ではなく、築地本願寺の体制についてのお話だったというオチ。そして、松江さんの「ばかやろう〜」は、最高に愛情が込められている証拠である）。

そんな松江さんとの出会いから、今は時たま酒を飲み交わす仲になり、共に築地を盛り上げる存在として、お互い認め合っているのが分かる。

私も松江さんから江戸っ子の流儀を聞かせていただいているが、東森さんも同様。

「築地は値切るんじゃない、一品つけて足し算するのが文化なんだ」

「男なら粋がってなんぼだ！」

関西出身の東森さん、「粋ってなんですか？」と聞くと「かっこよく見栄をはるんだよ、男は！」と男の流儀を教えられたという。関西では、気障なことは「えーかっこしい」と言われて、気取っていると受け取られるので、素を出して笑ってもらう、人間味を出すのが得意な文化だとしたら、異文化との遭遇だったことだろう。


また、築地本願寺に異動になり、安永さんの勧めで、グロービス経営大学院のビジネスコースに通ったというのも、大きな刺激となったそうだ。大企業の管理職に交じって、お坊さんがマーケティングや金融、経営学、ＩＲの勉強をする。さぞ珍しい光景だったと思う。そこで東森さんが得たものは……。
①撤退基準を明確にすることができた（経営の判断基準を予め定めること）
②業界を超えて知り合いが増えた

③仏教的なものの見方はビジネスにも通用するという確信
仏教2500年の教えは人間の叡智でもある。仏様になるための修業・八正道（はっしょうどう）は、物事の見方の基本になると、ビジネスを学ぶことで、仏教を伝えることの大切さ、また組織として働くスタッフと意思疎通をはかることが、基本であるあらためて気づかれたという。

グロービスでの座学を実際の現場で実践することで、安永さんによる築地本願寺の大改革に東森さんが加わることで推進された。

このことは、大きくメディアでも話題になり、実際に数字で結果、成果も目に見られるようになり、職員たちも喜んだ。お坊さんの成功体験は、ともすると内向きで、今までなかなか見えにくかったが、目標を明確にして、それに向かって事業に取り組んだ時の達成感、チャレンジする高揚感を皆で共有することができるようになった。

さらには、築地本願寺の職員も僧侶だけでなく、銀行、商社、航空会社、システムエンジニアなど、外部人材の出向受け入れや登用も行ったことから、さまざまな知見を得ることで、多様な組織風土になりつつある。

ただ、こういう時だからこそ、大事にしたいものがあると東森さんは仰る。

「築城10年落城1日」

「水を飲むときは井戸を掘ってくれた人のことを思え」

「ゆめゆめおごることなく　努力精進せよ」

どんなに有名になっても、おごり高ぶることなく、足元をしっかり固めることが大切だ。そして何より、「阿弥陀様のこころを忘れるな」。

手段はいろいろあるが、お寺は一人一人に寄り添い、阿弥陀如来様のように「生きとし生きるもの、すべてに手を差し伸べる」存在でありたいという。

ご縁あって築地に住まうことになった東森さん、すっかり地域に寄り添う存在で、「人情味があって、おいしくて楽しいところ」がお気に入りだそうだ。

築地の魅力は築地本願寺にあり、顔が見える築地本願寺のお坊さんの存在は築地を明るく照らす。

築地本願寺の大改革が築地の改革にも繋がっていると私は思っている。

外観はとてもオリエンタルだが、中には阿弥陀様の金色の世界が広がる。ステンドグラスやパイプオルガンなど、見どころ満載のお寺だ

夏に行われる納涼盆踊りは、「日本一おいしい盆踊り」とも呼ばれ、毎年数万人が訪れる

DATA

築地本願寺

住所 東京都中央区築地3-15-1
参拝時間 6:00〜16:00（夕方のお勤め終了後）
電話 0120-792-048
創業 1617年

おわりに

こうして、最後の章を執筆している今、心地良い疲労感と達成感に包まれている。

思い返せば、本当に怒涛の9か月間だった。

「築地の本を書く！」と勢い良く宣言したものの、なんせ全てが初めての経験。

取材も執筆も全てが手探り状態だった。

うまく進められず挫けそうになった時もあったが、取材を繰り返すたびに、時代の波に揉まれながらも逆境を乗り越え、たくましく生きてきた先人や、人生の先輩の方々の生き様やさりげない一言一言に勇気づけられた。

そして、どんなにご多忙でも「築地のためなら惜しまず協力するよ」と支えてくださった築地の人たちの温かさに、何度も涙があふれた。築地を応援するための執筆活動のはずが、かえってたくさんの方に励まされ、助けていただいたことで無事に最後まで書き終えることができた。

築地の魅力は、まだ到底語り尽くせない。

今回、書き切れなかった人情味あふれるエピソードや、取り上げさせていただきたい築地の方々がまだまだ山のように残っている。これからも私は「自称、日本一築地を愛する女」として、築地のことを世界に向けて発信していきたい。

まずは、この本をきっかけに、築地へ興味を持つ人が増え、それぞれの築地魂にふれ、メキキの築技を観て感じて味わっていただけたらうれしい。

日本の食文化を支えてきた「日本の台所　築地」の底力は、永久に不滅だ！


出版を決めた時、プロデューサーの谷口令先生に「本を出すということは、人生を変えることよ」と言われたことを思い出した。

覚悟を決めて行動すれば、必ず道は開ける。自分が本を出すなんて、1年前には想像もしていなかったが、決めたら本当に夢を実現することができた。

そして、この本をきっかけに、また私の人生は大きく動き出している。

「はじめに」でも書かせていただいたが、私も数年前はごく普通のOLとして勤務し、目指すものが見つからず、通勤しては寝るために自宅へ帰るような退屈な日々を過ごしていた。それが「築地」という場所に出会い、「築地」で働く人たちの生き様に触れることで、自身の人生が少しずつだが、好転してきた。

「築地」は、人とのご縁の素晴らしさや生きる喜び、ご飯を不自由なく食べられることの有り難さなど、普段の生活ではついつい当たり前に感じてしまい、忘れてしまいがちな大切なことをいつも思い出させてくれる。

いわば私にとって築地は、パワースポットであり、エネルギーチャージステーションであり、ホームグラウンドなのである。


もし過去の私のように、出口が見当たらないトンネルにいるような気持ちの方がいらっしゃったら、パワースポット「築地」へ是非一度、足を運んでみてほしい。

冗談ばかり言って悩みを笑い飛ばしてくれるあのお店の大将や、よく働きよく遊ぶ職人気質の人たちのカッコいい生き様、そして、何を食べてもおいしい美食の宝庫。お越しいただいた全ての皆さんに、必ず笑顔になっていただけることを確信している。

築地は皆のパワースポット。あなたの人生を変える幸せのヒントがたくさんあるはず。そして、日常をより輝かせていきたいと願う全ての皆様にとって、この本が新たな挑戦への最初の一歩を後押しするきっかけとなれば、とても嬉しい。

最後に、今回の出版にあたり、多大なるご協力をいただいた築地の皆々様。素敵な墨絵イラストを描いてくれた蓮水さん、プロフィール写真のディレクターの福井真美子さん、カメラマンの青山桜子さん、事業サポーターのVisionary Japanの至田祐己さん、築地の歌を書き下ろしてくれた「きものやん」のかずさん・豆さん。皆様のご支援なしには到底ここまで辿り着けませんでした。本当にありがとうございます。

また、このような機会を与えてくださった出版プロデューサーの谷口令先生、かざひの文庫の磐﨑文彰編集長、出版チームの皆様方のお力添えに、心から御礼申し上げます。今回の出版に際して、驚くほど多くの方々から応援や励ましのお言葉をいただきました。そして、家族、友人、同僚、仲間、先生、師匠、ご先祖様……この場をお借りして、今まで私の人生に関わってくださった全ての方々に心から御礼申し上げます。

築地から、愛と感謝をこめて。

令和5年2月吉日　築地・和ごころコンシェルジュ　のだくみこ

築地玉寿司本店
P.50
銀座方面
うおがし銘茶 茶の実倶楽部
P.164
八丁堀方面
日比谷線
築地駅
日刊スポーツ本社
P190
吹田商店
P.132
米本珈琲本店
P.60
築地本願寺
P.214
聖路加国際病院
法重寺
P.202
晴海通り
江戸趣味
津多屋商店
P.22
近江屋牛肉店
P.108
隅田川
築地
MAP
勝どき方面

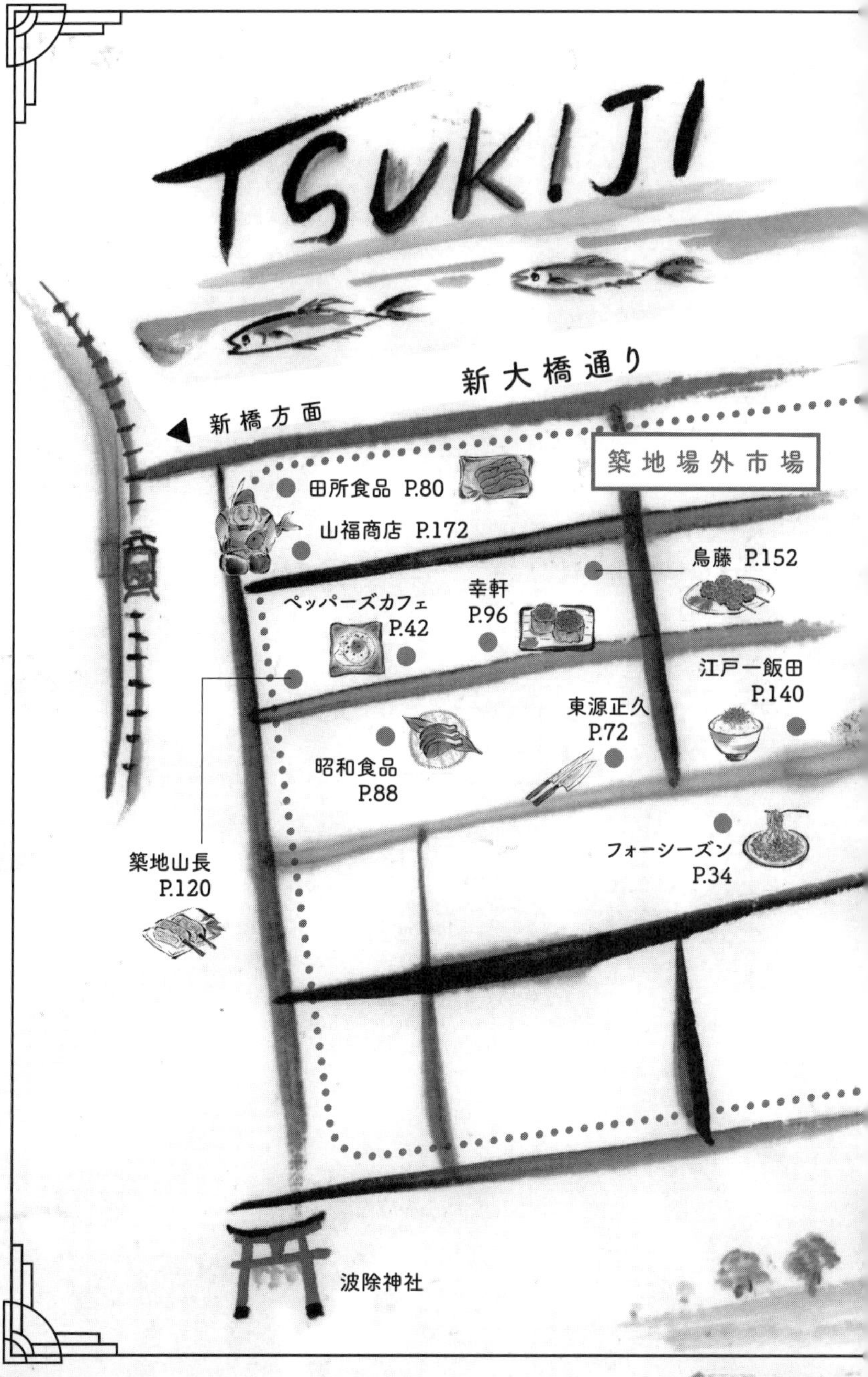
TSUKIJI
新大橋通り
新橋方面
築地場外市場
田所食品 P.80
山福商店 P.172
鳥藤 P.152
ペッパーズカフェ P.42
幸軒 P.96
江戸一飯田 P.140
東源正久 P.72
昭和食品 P.88
フォーシーズン P.34
築地山長 P.120
波除神社

のだくみこ
KUMIKO NODA
築地・和ごころコンシェルジュ。埼玉県出身、築地在住。自称「日本一築地を愛する女」。東京の中心地でありながら、粋と人情が残る築地はパワースポット、と2018年より活動開始。オリジナルの築地ツアーの開催は通算100回を超え、全国に築地ファンの輪を広げ続けている。OL時代に、米国公認会計士の資格を取得。国内最大手の会計事務所を経て、外資系企業数社にて財務会計のプロとして従事。一方で、算命学鑑定士、マヤ暦カウンセラーとしての顔を持つ。日本語・英語を駆使し、築地を起点に和文化体験イベントの企画運営、日本の文化を国内外に伝えることをミッションとして掲げている。

築地《つきじ》スタイル
～人生《じんせい》をきらめかせる愛《あい》と粋《いき》の流儀《りゅうぎ》～

のだくみこ 著

2023年3月21日　初版発行

発行者　磐﨑文彰
発行所　株式会社かざひの文庫
〒110-0002　東京都台東区上野桜木2-16-21
電話／FAX 03(6322)3231
e-mail : company@kazahinobunko.com
http://www.kazahinobunko.com

発売元　太陽出版
〒113-0033　東京都文京区本郷3-43-8-101
電話03(3814)0471　FAX 03(3814)2366
e-mail : info@taiyoshuppan.net
http://www.taiyoshuppan.net

印刷・製本　モリモト印刷

出版プロデュース　谷口 令
編集協力　中村 百
装丁　BLUE DESIGN COMPANY
イラスト　蓮水
スペシャルサンクス　いつもお世話になっている築地の皆様

ISBN978-4-86723-125-8